Margaret Cuonzo

Paradoxien

Für meine Lieblingsparadoxielöser,
meine Neffen,
Anthony und Andrew

INHALT

VORWORT

Als ich mich vor 15 Jahren auf die lange Reise zu diesem Buch begab, hatte ich eine Abhandlung über berühmte Paradoxien wie den Lügner im Sinn (der paradoxerweise behauptet: »Was ich jetzt sage, ist falsch«). Ich hatte meine Doktorarbeit über die Haufenparadoxie geschrieben, bei der es um die Frage geht, welche genaue Anzahl von Sandkörnern wohl notwendig ist, um von einem Haufen zu sprechen. Ich plante, diese Arbeit auszuweiten, und stellte mir vor, das Buch in Hauptkategorien zu unterteilen – semantische, epistemische, logische Paradoxien und so weiter –, um dann jeweils mit meiner Lieblingslösung aufzuwarten. Auf dem Weg dorthin stolperte ich jedoch über allerlei Hindernisse, geriet auf Umwege und machte unverhoffte Entdeckungen. Mir wurde klar, dass ich das Wesen der Paradoxie noch tiefer ergründen musste. Zufällig wurde unter Wissenschaftsphilosophen gerade eine neue Betrachtungsweise von persönlichen Überzeugungen diskutiert, die um den Begriff der »subjektiven Wahrscheinlichkeit« kreiste, und dieser Ansatz erschien mir als nützlicher Weg dahin. Nebenbei stellte sich heraus, dass die überkommene Ansicht zum Ursprung der Paradoxien – dass sie größtenteils auf Zenon von Elea zurückgingen und ihre ersten Lösungen auf Aristoteles – so gar nicht stimmte; in Wirklichkeit handelt es sich um eine viel ältere Tradition. Vor allem aber entdeckte ich, dass man viel originellere und interessantere Ergebnisse erzielt, wenn man sich mit den möglichen Lösungsstrategien von Paradoxien beschäftigt, statt auf dem ausgetretenen Pfad zu bleiben, sich auf die Paradoxien selbst zu konzentrieren. So habe ich denn einen anderen Kurs eingeschlagen und lade Sie herzlich dazu ein, mit mir das Wesen der Paradoxien und vor allem der für sie vorgeschlagenen Lösungen zu erkunden und neu zu durchdenken. Ich hoffe, zeigen zu können, dass – obwohl die Standardversuche zur Lösung der großen Rätsel der Philosophie und anderer Gebiete häufig falsche Fährten sind, die in Sackgassen führen, und eine sehr minimalistische Herangehensweise an Paradoxien der sicherste Weg ist, den man einschlagen kann – dieser Ansatz des Abstandhaltens beileibe nicht im Nirgendwo endet. Aus Paradoxien und ihren zulässigen und unzulässigen Lösungen lässt sich viel lernen, ganz gleich, ob wir einige der tieferen Paradoxien überhaupt für lösbar halten.

Der erste Anstoß zu diesem Vorhaben verdankt sich einigen Passagen aus zwei Arbeiten meines ehemaligen akademischen Betreuers Stephen Schiffer.[1] Er fragte sich, wie glücklich man eigentlich die üblichen Lösungsvorschläge für Paradoxien nennen konnte und führte eine diesbezügliche Unterscheidung zwischen »heiteren« und »mürrischen« Lösungen ein. Stephen und seine Arbeit hatten maßgeblichen Einfluss auf dieses Buch und mein philosophisches Denken. Während der Beschäftigung mit diesem Projekt wurde mir das Privileg zuteil, an einem Sommerseminar von Deborah Mayo über Irrtum und statistische Beweisführung am Virginia Tech teilzunehmen, finanziert von der Stiftung *National Endowment for the Humanities.* Hier machte ich zum ersten Mal Bekanntschaft mit dem Bayesschen Wahrscheinlichkeitsbegriff und der Verwendung subjektiver »Grade« persönlicher Überzeugung. Deborah führte mir zwar die Grenzen des Bayesschen Wahrscheinlichkeitsbegriffs vor Augen, vor allem, was die Bestätigung oder Falsifikation wissenschaftlicher Hypothesen betrifft. Ich fand aber das Bayessche Modell sehr nützlich für das Verständnis von Paradoxien und warum einige von ihnen paradoxer sind als andere. Weitere Einflüsse auf diese Arbeit verdanken sich Kommentaren zu Vorträgen, die Eingang in die einzelnen Kapitel gefunden haben, besonders solche vor der *Long Island Philosophical Society* (LIPS), deren Vorsitz ich zusammen mit meinem Freund James Friel führte. Die hilfreichen Einwände von Anton Alterman und Glenn Statile sind dem Buch sehr zugutekommen. Mein Kollege und Freund Joseph Filonowicz lehrte mich durch seine Schriften, seinen Lehrstil und seine ganze Art, abgegriffenen philosophischen Jargon zu vermeiden und in meinem Denken und meinem Unterricht zu experimentieren. Wenn dieses Buch der allgemeinen Leserschaft Freude bereitet, so liegt es an seinem Beharren darauf, dass philosophische Strenge und Zugänglichkeit sich nicht wechselseitig ausschließen müssen. Danken möchte ich auch meinen wunderbaren Kollegen Kristana Arp, Chris Araujo, Michael Pelias, Amy Robinson, Maksim Vak, Sophia Wong und den anderen Mitgliedern des Fachbereichs

Philosophie an der Long Island University/Brooklyn, dem ich sechs Jahre lang als Dekanin vorstand und gegenwärtig als stellvertretende Dekanin verbunden bin. Auch die Mitglieder meiner geliebten Schreibgruppe, darunter die Autoren Gerry Albarelli, Helen Duberstein, Joan Durant, Eva Kollisch, Edith Konecky und Eva White, ermutigten mich, ebenso viel Aufmerksamkeit auf eine gute, klare Darstellung zu verwenden wie auf interessante Argumente. Mit dem Schriftsteller und Zeithistoriker Gerry Albarelli ging ich immer wieder in dessen Haus in Cambridge, Massachusetts, »in Klausur«, wo wir unsere Arbeiten wechselseitig kritisch kommentierten. Anregungen von jemand wie ihm zu empfangen, der ein wahres Genie darin ist, selbst noch aus den abstraktesten Ausführungen die Geschichte herauszuhören und die »Tatsachen« zu hinterfragen, die sie untermauern sollen, war ein großartiges Geschenk, für das ich zutiefst dankbar bin. Auch meine liebe Freundin Dana Lerner spendet mir seit nunmehr 20 Jahren immer wieder unermüdlich Mut. Dem höchst beflissenen Philip Laughlin von MIT Press, der Potenzial in der Arbeit erkannte und sich für sie einsetzte, gebührt für seine Unterstützung ebenfalls großer Dank. Drei anonyme Gutachter lieferten sehr nötige Ratschläge, für die ich ihnen verbunden bin. Schließlich gibt mir meine Familie wie eh und je großen Mut und unterstützt mich in all meinen Bemühungen. Die liebevolle Erinnerung an meine Mutter Rosemarie Cuonzo und die ständige Nörgelei ... äh, ich meine natürlich Anfeuerung meines Vaters Antonio Cuonzo hielten mich in manch schwieriger Zeit bei der Stange. Meine Neffen Anthony und Andrew mit ihrer Liebe zu Paradoxien und Rätseln waren mir ein Quell steter Freude und Motivation. Ich hoffe, dass Sie, liebe Leser, so viel Vergnügen und Bereicherung aus dieser Reise durch die Welt der Paradoxien und ihre Lösungen ziehen werden wie ich selbst.

EINLEITUNG: STECKT IN PARADOXIEN DER WURM?

In einer englischen Science-Fiction-Krimiserie mit dem passenden Titel *Paradox* behauptet ein Astrophysiker, Bilder einer künftigen Explosion zu besitzen, die vielen Menschen das Leben kosten wird. Nachdem sie sich diese Zukunftsbilder angesehen hat, muss die arme, gestresste Polizistin Rebecca Flint alles daran setzen, zu verhindern, dass diese Vision wahr wird. Aber wenn Flint Erfolg hat, wären diese »Zukunftsbilder« dann nicht falsch? Wenn sich das schlimme Unglück, das sie vorhersagen, nie ereignen würde, und sei es dank Flints Eingreifen, in welchem Sinn könnte man diese Bilder dann noch als verlässlich betrachten? Das rätselhafte Wesen der Zeit hat viele philosophische Paradoxien aufgeworfen. Neben solchen Problemen wie Flints, wo es darum geht, die Zukunft auf Grundlage unseres Vorauswissens über sie zu ändern, gibt es auch solche, die mit der Vergangenheit zu tun haben, wie das Großvaterparadoxon, das die Frage aufwirft, ob eine Zeitreise zurück in die Vergangenheit denkbar wäre, um den eigenen Großvater umzubringen, bevor dieser die Großmutter kennenlernt. Wenn das wirklich ginge, wäre es zugleich unmöglich, weil man dann ja niemals existiert hätte: Ein eigenes Elternteil wäre nie geboren worden, also wäre man auch selbst nie zur Welt gekommen, und folglich könnte man nicht in der Zeit zurückreisen, um den eigenen Großvater um die Ecke zu bringen, bevor dieser mit der Großmutter anbandeln kann.

Sehr großzügig definiert kann eine Paradoxie alles sein, von einem kniffligen Problem über eine der Intuition widerstrebende Meinung oder Schlussfolgerung bis hin zu einem visuellen Zaubertrick. Bei einer Internetsuche des Begriffs »Paradox« finden sich unter den Treffern zum Beispiel die verschachtelten, berückend schönen Grafiken des niederländischen Künstlers M. C. Escher; das Bild eines Glasaschenbechers, auf dessen Boden das Symbol »Rauchen verboten« aufgedruckt ist; die dem englischen Naturforscher Robert Boyle zugeschriebene Zeichnung eines sich selbst leerenden Glases, das sich mittels einer Röhre in seinem Boden unablässig selbst auffüllt (Abbildung 1); und ein Wikipedia-Artikel, der zahllose Paradoxien auflistet, darunter das oben erwähnte Großvaterparadoxon. Die bei Wikipedia angeführten Paradoxien stammen aus so unterschiedlichen Gebieten wie Statistik, Astronomie, Wirtschaft, Biologie und Logik. Was also, macht sie alle zu Paradoxien?

Sehr großzügig definiert kann eine Paradoxie alles sein, von einem kniffligen Problem über eine der Intuition widerstrebende Meinung oder Schlussfolgerung bis hin zu einem visuellen Zaubertrick.

Abbildung 1: Boyles sich selbst füllendes Glas (Grafik aus Wikimedia, s. a. Donald M. Simanek, »Perpetuum Futiliy. A short history of the search for perpetual motion«, unter: http://www.lhup.edu/~dsimanek/museum/people/people.htm)

Die Philosophen sind sich alles andere als einig darüber, wie man ein Paradox richtig definiert, allerdings weist jede maßgebliche Definition auf ein wichtiges Merkmal von Paradoxien hin. Nach einer verbreiteten Definition besteht eine Paradoxie aus einer Reihe von wechselseitig widersprüchlichen Behauptungen, von denen jede einzelne wahr ist.[2] Nehmen wir Flints heikle Aufgabe, ein Ereignis in der Zukunft zu verhindern. Es lassen sich eine Reihe von Sätzen formulieren – nennen wir sie Aussagen –, die ihre Situation beschreiben. Nehmen wir, erstens, an, dass die Bilder der künftigen Explosion verlässliche Vorhersagen eines künftigen Geschehens darstellen. Wenn dies, zweitens, der Fall ist, wird offenbar nichts, was Flint unternimmt, den Gang der Ereignisse ändern können, da wir ja angenommen haben, dass sie zutreffen. Doch scheint Flint, drittens, die Freiheit zu besitzen, so zu handeln, dass sie die künftige Explosion verhindern kann. Wenn es Flint also, viertens, wirklich gelingt, die Explosion zu vereiteln, waren die Bilder von der künftigen Explosion nicht wahr. Man beachte, dass die vierte Aussage der ersten widerspricht, die wir als gegeben angenommen hatten. Wenn die Bilder verlässlich sind, lässt sich an der Explosion nichts ändern. Aber weil Flint eine außerordentliche Handlungsfreiheit besitzt, kann sie etwas unternehmen, was die Explosion verhindern würde. Wenn das jedoch der Fall ist, haben die Bilder die Zukunft nicht verlässlich vorausgesagt. Jede Aussage sieht für sich genommen akzeptabel aus, aber zusammengenommen ergeben sie einen Widerspruch:

Kästchen 1

Flints Paradox

1. Die Bilder über die künftige Explosion sind zuverlässig (Annahme).
2. Nichts, was Flint unternehmen kann, wird die Explosion verhindern (folgt aus 1).
3. Flint besitzt die Freiheit, durch ihr Eingreifen die Explosion zu verhindern.
4. Es könnte sich erweisen, dass die Bilder der künftigen Explosion nicht verlässlich waren (folgt aus 3; widerspricht 1).

Dieses Beispiel veranschaulicht, was für Paradoxien charakteristisch ist: Unter Aussagen, an denen zumindest oberflächlich nichts falsch ist, hat sich irgendeine Art von Widerspruch geschmuggelt. Darum taucht wohl bei unserer Internetsuche des Wortes »Paradox« unter den Treffern ein Bild von einem Aschenbecher mit einem »Rauchen verboten«-Zeichen auf. Für sich genommen handelt es sich bei dem Aschenbecher und dem Symbol um ganz alltägliche Dinge. Verschmelzen sie jedoch zu einem einzigen Gegenstand, entsteht eine Spannung zwischen dem Objekt, das zu dem Zweck hergestellt wurde, dass geraucht wird, und dem Symbol, das es verbietet. Sowohl beim Aschenbecher für Nichtraucher als auch beim Großvaterparadoxon springt der Widerspruch ins Auge, und dies umso mehr, als uns kein einzelnes Glied der widersprüchlichen Kette von Aussagen für sich genommen offenkundig falsch erscheint. Ein Widerspruch unter scheinbar harmlosen Elementen, ist also ein wesentlicher Bestandteil dessen, was wir unter einer Paradoxie verstehen.

Andere Definitionen lenken das Augenmerk auf die Argumentationsweise von Paradoxien. Für den Philosophen John Mackie zum Beispiel ist eine Paradoxie ein Argument mit einem scheinbar schlüssigen Gedankengang und wahren Prämissen, jedoch einem offenkundig falschen Schluss.[3] Wieder andere wie Mark Sainsbury meinen, ein Paradoxon sei »eine scheinbar unannehmbare Schlussfolgerung, die durch einen scheinbar annehmbaren Gedankengang aus scheinbar annehmbaren Prämissen abgeleitet ist«.[4] Argumente sind Gedankengänge, bei denen eine Aussage (die Schlussfolgerung) von anderen Aussagen gestützt wird (die Voraussetzungen oder Prämissen). Ist die Argumentation schlüssig, ergeben sich aus wahren Prämissen stets wahre Schlussfolgerungen. In Paradoxien scheint jedoch der Wurm zu stecken, etwas scheint bei ihnen schiefgelaufen zu sein, insofern wahre Prämissen und triftige Gedankengänge bei ihnen im Gegenteil zu offenkundig falschen oder widersprüchlichen Schlüssen führen. Im Fall Flints nahmen wir an, dass die Bilder einer künftigen Explosion wahr sind, kamen dann aber zu dem Schluss, dass, falls ihr die Verhinderung der Explosion gelänge, die Bilder gar nicht wahr gewesen sein konnten. Unsere Folgerung widerspricht also dem, was wir als gegeben angenommen hatten. Oder nehmen wir die Haufenparadoxie, die nach dem griechischen Wort für »Haufen« vielfach auch Sorites-Paradoxie genannt wird. Sie ist ein frühes und berühmtes Paradoxon über Vagheit, weil sie uns vor Augen führt, dass wir dort, wo wir Wörter nicht klar voneinander abgrenzen können – etwa »kahlköpfig« von »nicht kahlköpfig« oder »reich« von »nicht reich« –, zu offenkundig falschen Schlüssen gelangen. Die Haufenparadoxie lässt sich, hier am Beispiel einer mehr oder minder geschwundenen Haarpracht, wie folgt ausdrücken:

Kästchen 2

Haufenparadoxie

1. Eine Person mit 0 Haaren auf dem Kopf ist kahlköpfig.
2. Für jede Zahl *n* gilt: wenn eine Person mit *n* Haaren kahlköpfig ist, dann ist auch eine Person mit (n + 1) Haaren kahlköpfig.
3. Folglich ist eine Person mit 1 000 000 Haaren kahlköpfig.

Beim Haufenparadox bilden die Punkte 1 und 2 die Prämissen und Punkt 3 die Schlussfolgerung des Arguments. Die erste Prämisse, die feststellt, dass eine Person mit null

Haaren kahlköpfig ist, beschreibt den paradigmatischen Fall der Kahlköpfigkeit. Diese Prämisse ist offensichtlich wahr, denn *wenn* eine Person kahlköpfig zu nennen ist, so gewiss diejenige mit den wenigsten möglichen Haaren auf dem Kopf (0). Die zweite Prämisse ist, auch wenn sie auf den ersten Blick vielleicht nicht so eingängig wirkt, ebenfalls intuitiv sehr einleuchtend. Sie besagt, dass der Unterschied von einem einzelnen Haar nicht ausreicht, um eine Änderung der Einstufung von »kahlköpfig« zu »nicht kahlköpfig« zu rechtfertigen. Mit anderen Worten: Fügt man dem Kopf einer Person ein Haar hinzu, ändert sich nichts daran, ob wir diese Person als kahlköpfig betrachten. Angesichts der Tatsache, dass der Unterschied eines Haars für das menschliche Auge kaum wahrnehmbar ist, lässt es sich ja auch schwer vorstellen, wie man auf einer derart dürftigen Grundlage eine prinzipielle Unterscheidung zwischen Kahlköpfigkeit und Nicht-Kahlköpfigkeit treffen sollte. Das Argument der Haufenparadoxie ist also unmittelbar einleuchtend. Ihre erste Prämisse stellt fest, dass eine Person mit einer spezifischen Anzahl von Haaren (0) kahlköpfig ist. Die zweite Prämisse stellt die Behauptung auf, dass bei jeder beliebigen Anzahl von Haaren ein Haar mehr keinen Unterschied machen würde, der groß genug wäre, um eine Änderung der Einstufung von kahlköpfig zu nicht kahlköpfig zu rechtfertigen. Die in der ersten Prämisse angegebene Zahl (0) geht in die Verallgemeinerung in der zweiten Prämisse ein, und zwar iterativ, um zu dem Schluss zu gelangen, dass eine Person mit einer Million Haaren kahlköpfig ist. In dieser Weise formuliert ist die Haufenparadoxie also ein Argument mit intuitiv plausiblen Prämissen, einem anscheinend triftigen Gedankengang und einer offensichtlich falschen oder widersprüchlichen Konklusion. Nach Sainsburys Definition könnte man auch sagen: Es handelt sich um eine *unannehmbare Schlussfolgerung* (»Eine Person mit 1 000 000 Haaren ist kahlköpfig«), die aus scheinbar annehmbaren Prämissen abgeleitet ist (»Eine Person mit 0 Haaren ist kahlköpfig« und »Für jede Zahl *n* gilt: wenn eine Person mit *n* Haaren kahlköpfig ist, dann ist eine Person mit [*n* + 1] Haaren auch kahlköpfig«), und das alles mit Hilfe eines scheinbar annehmbaren Gedankengangs. Diese beiden Definitionen heben also ein weiteres wichtiges Merkmal von Paradoxien hervor:[5] Auf der Grundlage einleuchtender Prämissen führen sie uns mit Hilfe einer plausiblen Überlegung manchmal zu unerwartet absurden Schlüssen.

Paradoxien stoßen uns auf ein Problem unserer Schlussfolgerungen oder der Aussagen, die wir als Prämissen annehmen, oder der grundlegenden Begriffe, die der jeweiligen Paradoxie zugrunde liegen. Im Fall von Kommissarin Flint besteht das Problem, auf das uns die Paradoxie stößt, darin, ob ein Vorwissen über die Zukunft (in Form von Bildern einer künftigen Explosion) bedeutet, dass die Zukunft bereits determiniert ist. Beim Haufenparadoxon liegt das Problem darin, dass vage Prädikate wie »kahlköpfig«, »stark« oder »reich« offensichtlich für manche Sachverhalte gelten müssen und für andere nicht, es anderer-

Paradoxien stoßen uns auf ein Problem unserer Schlussfolgerungen oder der Aussagen, die wir als Prämissen annehmen, oder der grundlegenden Begriffe, die der jeweiligen Paradoxie zugrunde liegen.

seits aber nicht viel Sinn ergibt, genau zu benennen, ab wie wenigen Haaren jemand kahlköpfig ist, ab wie vielen Kilos gestemmten Gewichts jemand als stark zu bezeichnen wäre oder wie viele Cent man genau besitzen muss, um als reich zu gelten. Wir müssen zugeben, dass es einen Unterschied zwischen kahlköpfig und nicht kahlköpfig gibt, dass aber keine *spezifische* Anzahl von Haaren eine gute Grenze zieht, um diesen Unterschied zu markieren. Und dasselbe gilt für die Frage, ab wie viel gestemmtem Gewicht man stark ist oder wie viele Cents auf der Bank einen Menschen reich machen. Es ist diese Art von Schwierigkeit, die in uns den Wunsch weckt herauszufinden, wo genau der Wurm in einer Paradoxie steckt.

Paradoxien aufzulösen, sich neue Paradoxien auszudenken und Lösungsvorschläge anderer einer kritischen Prüfung zu unterziehen, all das gehört zum Alltagsgeschäft von Philosophen, Physikern, Ökonomen und anderen Theoretikern. Bei der Vorstellung der Flint-, Großvater- und Haufenparadoxien sind Ihnen vielleicht selbst spontan Lösungen in den Sinn gekommen. Im Fall des Flint-Paradoxons sind Sie womöglich zu der Auffassung gelangt, dass es keine zutreffenden Bilder der Zukunft geben kann, oder vielleicht auch, dass die Zukunft vorherbestimmt sein muss und Flint nichts gegen die Explosion hätte unternehmen können. Oder beides. Und vielleicht ist Ihnen beim Großvaterparadoxon klar geworden, dass Zeitreisen unmöglich sind.

Lösungen zu suchen ist eine natürliche Reaktion auf Paradoxien und wahrscheinlich so alt wie die Philosophie selbst. Sehr früh in der westlichen Philosophietradition machte sich Aristoteles – der häufig als »Vater« der systematischen Logik bezeichnet wird – daran, Paradoxien zu studieren und sich an ihrer Lösung zu versuchen. Für ihn waren Paradoxien das Ergebnis von Fehlschlüssen, und, ein Paradoxon zu lösen bedeutete, den Fehler in einem Gedankengang aufzudecken.[6] Dabei nahm er mit Vorliebe die Paradoxien von Zenon von Elea aufs Korn, dessen Überlegungen zu Raum, Zeit und Bewegung zu den frühesten Paradoxien der westlichen Philosophietradition gezählt werden. Bis heute werden immer wieder neue Paradoxien aufgestellt und immer wieder neue Lösungsvorschläge unterbreitet, und das ist, wie sich im letzten Kapitel dieses Buches zeigt, eine ebenso interessante wie wichtige Beschäftigung. Tatsächlich sind aus Bestrebungen zur Lösung von Paradoxien neue Wissenschaften hervorgegangen, die sich mit ihren Ideen wiederum in neue Paradoxien verstrickten.

Es ist ein verbreiteter Irrtum, der, wie ich hoffe, im Folgenden ausgeräumt wird, dass es sich bei Paradoxien um Rätsel handelt, die zwar ganz anregend sein mögen, mit unserem Alltag aber nichts weiter zu tun haben. Nichts könnte weiter von der Wahrheit entfernt sein. Paradoxien tauchen in vielen Bereichen unseres Alltags auf, in Zeitungen, religiösen Texten, in Unterhaltungssendungen und in den praktischen Zwickmühlen, mit denen wir im Leben konfrontiert sind. Dies nur am Rande: Als ich an diesem Buch schrieb, las ich eine Zeitungsmeldung über ein nordenglisches Nest namens Santon Bridge, das sich damit rühmt, alljährlich den »weltgrößten Lügnerwettbewerb« auszurichten – zweifellos ein Ort, an dem es von Paradoxien nur so wimmeln muss.[7]

Lösungen von Paradoxien haben, wie ebenfalls noch deutlich werden wird, auch Auswirkungen auf andere Aspekte unseres Lebens. Eine unscharfe Logik oder »Fuzzylogik« mit ihrer Verwendung von »Wahrheitsgraden« liefert zum Beispiel die Grundlage für so profane, aber nützliche Dinge wie Programme zur Erkennung von Unterschriften. Ohne eine Methode zur Behandlung von Grenzfällen, zum Beispiel die Unterscheidung der Buchstaben *a* und *u* in Handschriften, wären solche Programme undenkbar. Und politische Entscheidungsträger wären wohl ohne die Erkenntnisse der Entscheidungstheorie vielfach aufgeschmissen. Lösungen und ihre Paradoxien sind also wichtige Teile unserer alltäglichen Lebenswelt.

Wie sehr uns die Beschäftigung mit paradoxen Sachverhalten in den Bann schlägt, wurde mir vor Jahren in der British Library bewusst, als mir ein staubiger Band mit einem Vortrag in die Hand fiel, den der britische Psychologe und Psychiater John C. Flugel 1941 vor der Conway Hall Ethical Society in London hielt. »Dies ist die sechste Conway-Memorial-Vorlesung (von bislang 32)«, so begann Flugel seinen Vortrag, »die während des Kriegs stattfindet, und seit einem Jahr … ist der Krieg beträchtlich näher vor unsere Haustür gerückt, so nahe sogar, dass wir uns glücklich schätzen dürfen, wenn Conway Hall noch steht und wir selbst noch die Freiheit genießen, uns hier zusammenzu-

Paradoxien tauchen in vielen Bereichen unseres Alltags auf, in Zeitungen, religiösen Texten, in Unterhaltungssendungen und in den praktischen Zwickmühlen, mit denen wir im Leben konfrontiert sind.

finden; wissen wir doch, dass jeden Augenblick um uns herum der Kampf mit seinem lauten, zerstörerischen Lärm ausbrechen kann, um unser Leben und das unserer Nächsten und Lieben zu bedrohen und die Werke und Monumente derjenigen, die hier vor uns lebten und die Traditionen begründeten, die wir zu pflegen bestrebt sind.«[8] Warum, um alles in der Welt, dachte ich bei der Lektüre dieser Zeilen, waren diese Leute damals in der Londoner Innenstadt zusammengekommen, um eine Vorlesung zu hören, während jederzeit Bomben auf sie niederprasseln konnten? Der Vortrag musste von etwas handeln, was den Zuhörern damals sehr am Herzen lag. »In solchen Zeiten«, fuhr der Vortragsredner fort, »ist es schwer, wenn nicht gar unmöglich, unsere Gedanken längere Zeit von dem gewaltigen Konflikt abzulenken, der um uns herum tobt, und ich werde keinen Versuch unternehmen, es in dieser Vorlesung zu tun.«[9]

Das Thema, das die Anwesenden und den Redner zusammengeführt hatte, war das paradoxe Wesen des Kriegs – insbesondere, wie etwas so offenkundig Unmoralisches wie der Krieg innerhalb der kriegführenden Parteien so hehre moralische Verhaltensweisen wie Selbstaufopferung und Großherzigkeit gegenüber den Mitmenschen hervorrufen konnte. In seinem Vortrag mit dem Titel »Das moralische Paradoxon von Frieden und Krieg« warf Flugel die Frage auf, warum der Krieg trotz der furchtbaren Zerstörung, die er mit sich brachte, bei bestimmten Menschen anscheinend zu einer höheren Sittlichkeit führte. Das war ein Paradoxon, das den Anwesenden unmittelbar vor Augen stand, und dieses Rätsel muss sie bewegt haben, in so schwerer Zeit die Vorlesung zu besuchen. Wollte man Antworten auf diese Paradoxie suchen, böten sich einige Lösungen an, zum Beispiel, dass der vermeintliche Konflikt zwischen dem Grauen des Kriegs und den guten, ja heroischen Taten, die er inspiriert, vielleicht gar nicht existiert. Das wäre eine »Picobello«-Antwort, wie ich sie weiter unten beschreiben werde Doch was diese Menschen 1941 in der Londoner Conway Hall zusammenbrachte, ist vielleicht noch etwas Tieferes als das konkrete Paradox, über das sie nachdachten: dass nämlich Paradoxien für Menschen ihre große Bedeutung dadurch gewinnen, dass sie Konflikte zwischen einigen unserer innigsten Glaubensüberzeugungen offenlegen. Indem sie Widersprüche zwischen einigen unserer rigidesten Überzeugungen ans Licht bringen, verlangen uns Paradoxien wichtige Antworten ab. Wenn wir ein vernunftgeleitetes Leben führen möchten, müssen wir auf paradoxe Widersprüche zwischen Überzeugungen reagieren, die wir für wahr halten. Das ist, wie ich glaube, der Grund, warum es durchaus verständlich war, dass sich Flugels Zuhörer in einer so bedrohlichen Zeit von Angst und Verpflichtungen freimachten, um seinen Vortrag zu hören. Und es ist der Grund, warum es bei unserer Beschäftigung mit Paradoxien und ihren Lösungen um mehr geht als um bloßes Rätselraten. Wir bemühen uns damit um ein gedankenvolleres, ein stärker von unserer Vernunft geleitetes Leben.

In den folgenden Kapiteln betrachten wir neue Wege, über Paradoxien nachzudenken (Kapitel 1), schauen uns an, wie sie gemacht werden (Kapitel 2) und wie man sie am besten löst (Kapitel 3). Das Glossar von Schlüsselbegriffen liefert stichwortartig einige Begriffserläuterungen. Bleibt mir zu hoffen, dass Ihnen das Folgende einige Einsichten über das Wesen der Paradoxie vermittelt und die Lust bei Ihnen weckt, über die vorgeschlagenen Lösungen nachzugrübeln.

1

EIN NEUER WEG, ÜBER PARADOXIEN UND IHRE LÖSUNG NACHZUDENKEN

1.1 Einleitung: Die intuitive Grundlage der Paradoxie

Wir haben bereits drei Möglichkeiten angesprochen, Paradoxien zu definieren: 1.) *als Reihe widersprüchlicher Aussagen, die jede für sich wahr erscheint;*[10] 2.) *als Argument mit scheinbar annehmbaren Prämissen und anscheinend triftiger Argumentation, jedoch mit offenkundig falscher Schlussfolgerung;*[11] und 3.) als »unannehmbare Schlussfolgerung, die durch einen scheinbar annehmbaren Gedankengang aus scheinbar annehmbaren Prämissen abgeleitet ist«.[12] Man beachte, wie oft hier die Wörter »erscheinen«, »scheinbar« und »anscheinend« vorkommen. Selbst in der weitesten Definition, die auch Bilder und dergleichen einschließt, bergen Paradoxien inmitten scheinbar unproblematischer Bestandteile Konflikte. Paradoxien zwingen uns, neu zu überdenken, wie wir die Dinge sehen, weil sie aufdecken, dass sich zwei oder mehr alltägliche Auffassungen widersprechen, und uns mit der Nase darauf stoßen, dass uns eine scheinbar makellose Argumentation in einen Widerspruch oder einen offenkundigen Irrtum verstricken kann. Mit anderen Worten, Paradoxien zwingen uns infrage zu stellen, ob unser intuitives Verständnis der Welt wirklich zutrifft. Das Wort *Paradox* setzt sich aus den altgriechischen Wörtern für »gegen« oder »jenseits« (*para*, *παρά*) und »Erwartung« oder »Meinung« zusammen (*doxa*, *δόξα*). Der griechische Ausdruck betont somit das kontraintuitive, das heißt unserer Intuition zuwiderlaufende Wesen der Paradoxie. Paradoxien hängen also ganz wesentlich mit unseren Intuitionen zusammen.

Nehmen wir zum Beispiel ein Problem aus der Biologie, das sogenannte Paradoxon der Anreicherung. Intuitiv würde man meinen, dass es einer Population von Raubtieren besser ergeht, wenn sich das Nahrungsangebot für ihre Beute erhöht. Denn mehr Nahrung für die Beute heißt ja, dass sich diese vermehrt und damit auch für die Räuber mehr Beute herausspringt. Folglich sollte sich mit der wachsenden Menge der Beute gleichfalls die Population der Räuber kräftig vermehren. Tatsächlich aber geschieht zuweilen das genaue Gegenteil.[13] Eine Zunahme der verfügbaren Nahrung für Kaninchen in einem gegebenen Gebiet kann zum Beispiel zu einem überreichen Kaninchenangebot führen und die Population der Räuber – sagen wir, Wölfe – ansteigen lassen, bis die Wolfspopulation untragbar

Paradoxien zwingen uns infrage zu stellen, ob unser intuitives Verständnis der Welt wirklich zutrifft.

groß wird und wieder zusammenbricht. Mehr Nahrung für die Kaninchen kann also letztlich zu einer Bedrohung der Wolfspopulation werden. Am Beispiel der Paradoxie der Anreicherung wird deutlich, dass uns unsere gewöhnlichen Intuitionen – in diesem Fall, dass ein größeres Nahrungsangebot und damit auch mehr Beute immer gut für die Räuber ist – in die Irre führen können und nicht immer mit den beobachtbaren Fakten in Einklang zu bringen sind. Mehr ist eben nicht immer mehr, zumindest nicht im Fall von Räubern und Beute.[14]

Das Anreicherungsparadoxon korrigierte im Lichte neuer Fakten eine Annahme, die wir intuitiv für plausibel gehalten hatten, sodass sich eine unerwartete Schlussfolgerung ergab. Mit diesem Ergebnis konfrontiert, mussten wir unsere Intuitionen darüber, was gut für eine Population ist, infrage stellen, und daraus erwuchs ein Fortschritt in Form neuer Modelle der Räuber/Beute-Beziehung.[15] Durch die Infragestellung unserer am tiefsten verwurzelten Intuitionen gelangen wir also häufig auf neue Wege, über unsere Grundbegriffe nachzudenken, und verstricken uns, ironischerweise, in weitere Paradoxien.

»Intuition« wurde vielfach definiert, etwa als das, was uns unmittelbar als wahr erscheint, als spontanes mentales Urteil darüber, was wir in einer bestimmten Situation sagen würden, oder als nicht-inferentielle, das heißt basale, nicht abgeleitete Überzeugung.[16] Nach einer neueren Definition aus der Kognitionswissenschaft sind Intuitionen unmittelbare Urteile, die entstehen, wenn wir vertraute Elemente in einer neuen Situation wiedererkennen.[17] Es ist für mich in diesem Augenblick intuitiv offensichtlich, dass ich Text in einen Laptop eingebe, dass Mord unmoralisch ist, dass Dreiecke drei Seiten haben, dass das graubraune Knäuel, das sich hinter dem Computer zu schaffen macht, Coco die Katze ist und so weiter. Meine Überzeugungen über diese Dinge sind mir ziemlich unmittelbar präsent, ich musste sie nicht erst aus einer Reihe von Annahmen folgern; sie kamen spontan und ohne Vorüberlegung. Trotzdem ist es gar kein so leichtes Unterfangen, Intuition zu erklären. Wenn sich ein Weg fände, nicht nur die intuitiven Anteile einer Paradoxie zu fassen, sondern darüber hinaus zu quantifizieren, in welchem Ausmaß ein Teil eines Paradoxons intuitiv ist, kämen wir zu einem besseren Verständnis der Natur der Paradoxien.

1.2 Auftritt der subjektiven Wahrscheinlichkeit: Der Grad unserer Überzeugungen

Ein neuer Ansatz in der Wissenschaftsphilosophie zur Bewertung subjektiver Einschätzungen und Überzeugungen eröffnet eben diese Möglichkeit zu einem besseren Verständnis des intuitiven Wesens der Paradoxie. Eine manchmal als »Bayesianer« bezeichnete Gruppe von Wissenschaftsphilosophen bedient sich seit einiger Zeit der sogenannten subjektiven Wahrscheinlichkeit, um mit Hilfe dieses Kriteriums anzugeben, in welchem Maß eine wissenschaftliche Hypothese bestätigt oder widerlegt ist. Die subjektive Wahrscheinlichkeit ist dabei der *Grad*, in dem ein rationaler Beobachter von etwas überzeugt ist, wobei völligem Unglauben der Wert 0 zugemessen wird, völliger Gewissheit der Wert 1, einem ausgeglichenen Verhältnis von Überzeugung und Unglaube 0,5, einer recht starken Überzeugung 0,7 und so weiter (siehe Tabelle 1).

In Graden der Überzeugung zu denken ergibt Sinn, besonders dort, wo man es mit Ungewissheit der Zukunft gegenüber zu tun hat. Gerade glaube ich zum Beispiel, dass ein eben im Internet bestelltes Geschenk bei meiner Freundin noch rechtzeitig zu ihrem Geburtstag eintreffen wird. Von einer absoluten Gewissheit kann ich nicht sprechen. Weil der Anbieter aber gewöhnlich pünktlich liefert, bin ich mir doch ziemlich sicher, dass es rechtzeitig ankommen wird. Da ich mich nicht für ein garantiertes Auslieferungsdatum entschieden habe, gehe ich allerdings ein gewisses Risiko ein.

Angesichts der Tatsache, dass ich mit dem Webshop, dem Paketdienst und mit den Portiers des Gebäudes, in dem meine Freundin wohnt, Erfahrung habe und noch weitere Details kenne, hat meine subjektive Wahrscheinlichkeit, dass mein Geschenk noch rechtzeitig ankommt, etwa einen Wert von 0,8. Abhängig von einer Reihe weiterer Faktoren könnte diese Zahl jedoch noch nach unten korrigiert werden. Wenn zum Beispiel ein furchtbarer Sturm über der Region aufzöge, würde meine subjektiver Wahrscheinlichkeitswert hinsichtlich der pünktlichen Aus-

Tabelle 1 Beispiele für subjektive Grade der Überzeugung bei rational Urteilenden

Überzeugungs-grad	**Überzeugung**
0,0	2 + 2 = 5
0,1	Fleischkonsum ist moralisch akzeptabel.
0,2	Gott existiert.
0,3	Umweltzerstörung ist noch völlig umkehrbar.
0,4	Mein Hund wird ein Alter von 18 Jahren erreichen.
0,5	Das Ergebnis des nächsten Münzwurfs wird »Kopf« sein.
0,6	Die US-Wirtschaft befindet sich im Aufschwung.
0,7	Hillary Clinton wird wieder US-Präsidentschaftskandidatin.
0,8	In fünf Jahren sind die meisten Bücher digitalisiert.
0,9	Rauchen ist schlecht für die Gesundheit.
1,0	2 + 2 = 4

lieferung sinken, und falls ich umgekehrt eine E-Mail mit der Mitteilung erhielte, dass die Sendung bereits gestern verschickt wurde, so würde der Grad meiner subjektiven Wahrscheinlichkeit steigen. Die Grade, in denen wir etwas glauben, steigen oder fallen also abhängig von den uns verfügbaren Anhaltspunkten. Am Geburtstag meiner Freundin schließlich wird meine Überzeugung auf den Wert 1 hochschnellen (felsenfeste Überzeugung) oder auf 0 abstürzen (kompletter Unglaube), denn dann werde ich Gewissheit haben, ob mein Geschenk rechtzeitig bei ihr eingetroffen ist.

Hier ist zwar von »subjektiver« Wahrscheinlichkeit die Rede, trotzdem handelt es sich nicht um ein völlig subjektives Maß, weil dem Konzept die Annahme zugrunde liegt, dass der Urteilende rational ist. »Ihre ›subjektive‹ Wahrscheinlichkeit«, so erläutert Richard Jeffrey, »ist nichts, was völlig beliebig aus der Luft gegriffen wäre; es ist Ihr Urteil, wie es sein *sollte* angesichts Ihres aktuellen Informationsstands und dem, was Sie als Informationsstand anderer ansehen, selbst wenn Sie es nicht für ein Urteil halten, das alle auf die Gefahr hin teilen müssen, in der einen oder anderen Weise Recht oder Unrecht zu haben.«[18] Es mag zwar einen gewissen Spielraum hinsichtlich des Grads der vernünftigen Überzeugung geben, die Urteilenden werden jedoch von Regeln der Rationalität und den ihnen zu Verfügung stehenden Informationen beschränkt. Zum Beispiel wird ein rational Urteilender, mit einer widersprüchlichen Aussage konfrontiert, nicht auf eine subjektive Wahrscheinlichkeit von 1 kommen, ein Wert, der völlige Gewissheit angibt. Noch würde er einem Widerspruch eine Wahrscheinlichkeit von 0,6 zumessen. Natürlich gehen Menschen nicht durchs Leben, indem sie ihren Überzeugungen numerische Wahrscheinlichkeiten zuweisen, doch wenn man sie fragt, wie sicher sie sich einer Sache sind, können sie in der Regel angeben, ob sie etwas eher für wahrscheinlich als unwahrscheinlich halten (größer als 0,5), für beinahe sicher (0,9) oder mit einer anderen Wahrscheinlichkeit einschätzen.

Mit Hilfe der subjektiven Wahrscheinlichkeit können wir angeben, wie wir einzelne Teile von Paradoxien – ja sogar Paradoxien als Ganze – intuitiv beurteilen. Je intuitiver eine Aussage in einem Paradox, desto höher ihre subjektive Wahrscheinlichkeit. Und wenn wir widersprüchliche Schlussfolgerungen erhalten, wissen wir, dass ein Teil der Paradoxie eine subjektive Wahrscheinlichkeit von 0 haben muss. Im Fall der tiefsten Paradoxien haben wir Prämissen mit extrem hoher subjektiver Wahrscheinlichkeit und einer Schlussfolgerung, der wir den Wert 0 – oder einen geringfügig darüberliegenden Wert – zumessen würden. Wir können also einstufen, wie tief eine Paradoxie ist, indem wir uns der subjektiven Wahrscheinlichkeit als Maß bedienen. Schauen wir uns zur Verdeutlichung an, wie verschiedene subjektive Wahrscheinlichkeiten kombiniert werden.

Wenn ich fest überzeugt bin, dass mein Geschenk rechtzeitig zum Geburtstag meiner Freundin eintreffen wird (0,8) und ganz fest daran glaube, dass es ihr gefallen wird (0,9), dann ist die subjektive Wahrscheinlichkeit, dass beides eintreten wird, die kombinierte Subjektivität beider Überzeugungen. Da die Wahrscheinlichkeit, dass beides eintreten wird, geringer ist als jene, dass sich eine einzelne der Überzeugungen bewahrheitet, wäre die kombinierte subjektive Wahrscheinlichkeit beider geringfügig niedriger als die jeder einzelnen und ließe sich am besten berechnen, indem man die beiden Wahrscheinlichkeitsgrade multipliziert.[19] Wenn ich die beiden Werte 0,8 und 0,9 miteinander malnehme, erhalte ich 0,72. Ich glaube somit, dass meine Chancen, dass mein Geschenk ankommt und Gefallen findet, ziemlich gut stehen. Warum Multiplikation? Wir müssen einkalkulieren, dass sich eine gewisse Unsicherheit bei

Mit Hilfe der subjektiven Wahrscheinlichkeit können wir angeben, wie wir einzelne Teile von Paradoxien – ja sogar Paradoxien als Ganze – intuitiv einschätzen.

individuellen Überzeugungen in Kombination mit anderen subjektiven Überzeugungen zu noch größerer Unsicherheit summiert. Wenn ich etwas mit einer subjektiven Wahrscheinlichkeit von 0,2 glaube und etwas anderes mit 0,9, so sollte meine subjektive Wahrscheinlichkeit hinsichtlich beider recht niedrig sein angesichts des geringen Glaubens, den ich in die erste der beiden Überzeugungen setze. Und die Multiplikation modelliert diesen Effekt für uns. Im Rahmen dieser Denkweise in Graden der Überzeugung wäre das Ergebnis 0,18 – ein klein wenig niedriger als 0,2, denn wenn wir eine sehr niedrige subjektive Wahrscheinlichkeit (0,2) mit einer Überzeugung von weniger als kompletter subjektiver Gewissheit wie 0,9 kombinieren, dann sollte der Wert der unsicheren Überzeugung gesenkt werden, um die zusätzliche Ungewissheit einzukalkulieren.

1.3 Die Verwendung subjektiver Wahrscheinlichkeit zur Analyse von Paradoxien

Paradoxien enthalten nach der zweiten zu Beginn dieses Kapitels genannten Definition *scheinbar* wahre Prämissen und eine *anscheinend* triftige Argumentation. Die intuitive Überzeugungskraft jedes Bestandteils einer Paradoxie und die Tiefe des Paradoxons lassen sich nun mit Hilfe der subjektiven Wahrscheinlichkeit präzisieren.

Um das zu tun, möchte ich eine »Paradoxitätsbewertung« für Paradoxien einführen, modelliert nach der Definition einer Paradoxie als Argument mit scheinbar wahren Prämissen, scheinbar gültiger[20] Argumentation und einer offenkundig falschen oder widersprüchlichen Schlussfolgerung. Formelhaft lässt sich die Paradoxitätsbewertung eines Gedankengangs wie folgt bestimmen, wobei W für die subjektive Wahrscheinlichkeit, *p* für die Prämissen, *v* für die Validität des Gedankengangs und *c* für die Schlussfolgerung stehen, nämlich als Kombination aus: a) der subjektiven Wahrscheinlichkeit, dass die Konjunktion der Prämissen W(*p*1, ..., *pn*) wahr ist; b) der subjektiven Wahrscheinlichkeit einer validen Argumentation (W*v*); sowie c) der subjektiven Wahrscheinlichkeit einer falschen Schlussfolgerung *c* oder (1 – W*c*) kombiniert. So erhalten wir eine Formel, die tatsächlich nichts anderes ist als eine lange Multiplikation der subjektiven Wahrscheinlichkeiten der einzelnen Teile einer Paradoxie:

Kästchen 3

Paradoxitätsbewertung

$$\text{Paradoxität} = W(p1, \ldots, pn) \times Wv \times (1 - Wc)$$

Weil Paradoxien nach dieser ersten Definition Argumente sind, müssen wir die subjektiven Wahrscheinlichkeiten aller Teile der paradoxen Argumentation einbeziehen, einschließlich der subjektiven Wahrscheinlichkeiten der Prämissen, dass der Gedankengang schlüssig und dass die Schlussfolgerung falsch ist. Je höher die subjektive Wahrscheinlichkeit einer Prämisse, desto wahrscheinlicher können wir darauf wetten, dass sie wahr ist, und desto stärker somit die »intuitive Kraft«, die sie auf uns ausübt. Bei konstanter Wahrscheinlichkeit der Schlussfolgerung und der Validität der Argumentation gilt: Je höher die subjektive Wahrscheinlichkeit einer Prämisse, desto höher der Grad, in dem ein Argument paradox ist. Wenn wir zum Beispiel ein Argument mit einer eindeutig falschen Prämisse haben, erscheint uns dies nicht als sonderlich große Paradoxie, weil wir die Voraussetzung von Anfang an intuitiv nicht plausibel fanden. Wenn wir etwa nie auf den Gedanken gekommen wären, dass ein höheres Nahrungsangebot für eine Beute sich in deren Vermehrung und folglich in bessere Überlebensbedingungen für die Räuber übersetzen würde, so hätten wird das Anreicherungsparadoxon überhaupt nicht als sehr tief oder paradox empfunden. Gerade *weil* wir glauben, dass mehr Nahrung für die Beute die Zahl der Beutetiere anschwellen lässt und folglich bessere Bedingungen für die Räuber schafft, erscheinen uns die gegenteiligen Beweise überraschend und paradox, und deshalb nehmen wir bei der Bestimmung der Paradoxität eine einfache Multiplikation der subjektiven Wahrscheinlichkeiten der Prämissen vor, W(*p*1, ..., *pn*).

Was ihren Gedankengang angeht, so wird eine Paradoxie umso tiefer, je triftiger uns diese Argumentation anmutet. Betrachten wir zum Beispiel Kommissarin Rebecca

Flint und ihr Problem mit den Bildern einer künftigen Explosion. Es erscheint glasklar: Wenn die Prämisse, dass die Flint vorgelegten Bilder wahr sind, gegeben ist und wir annehmen, dass Flint über freien Willen verfügt, können wir daraus mit einer sehr einfachen Überlegung einen Widerspruch ableiten. Wenn die Bilder wahr sind, dann wird die Explosion geschehen; ist Flint jedoch in ihrem Handeln frei, kann sie die Explosion verhindern. Gegeben also die Prämissen, dass 1.) die Bilder der Explosion wahr sind, was wir annehmen, und 2.) dass Flint frei ist, künftige Ereignisse zu verhindern, so sind wir berechtigt aus 1 zu folgern, dass Flint die Zukunft nicht verändern kann, und aus 2, dass sie es dennoch vermag. Und diese Schlussfolgerung ist ein Widerspruch. Es ist ein Beispiel für eine scheinbar gültige Argumentation. Je geradliniger der Gedankengang eines paradoxen Arguments, desto höher der Grad seiner Paradoxität. Wenn wir zum Beispiel wüssten, dass das Argument einen Trugschluss (einen Fehler im Gedankengang) enthält, so wäre das Argument nicht sehr tief oder paradox. Wirkliche Paradoxien sind nach dieser Definition Argumente, bei denen der Gedankengang rundum korrekt erscheint. Je offensichtlicher richtig die Argumentation, desto paradoxer das Argument einer Paradoxie.

Das letzte einzukalkulierende Element ist die subjektive Wahrscheinlichkeit dafür, dass die Schlussfolgerung falsch ist. Im vorangehenden Beispiel haben wir einen Widerspruch abgeleitet. Widersprüche erhalten stets eine subjektive Wahrscheinlichkeit von 0. Wenn die Schlussfol-

Je geradliniger der Gedankengang eines paradoxen Arguments, desto höher der Grad seiner Paradoxität.

gerung wahrscheinlich wahr ist, dann würden wir das Argument nicht für sonderlich paradox halten. Wenn wir beispielsweise die Schlussfolgerung akzeptierten, dass eine Person mit einer Million Haaren auf dem Kopf noch kahlköpfig genannt werden könnte, käme uns die Haufenparadoxie nicht sonderlich tief vor. Das Problem ist eben, dass wir die Schlussfolgerung natürlich für falsch halten – und selbst wenn wir das nicht täten, könnten wir eine noch höhere Anzahl von Haaren postulieren, die angeblich das Kriterium der Kahlköpfigkeit erfüllt. Bei im Übrigen konstanten Faktoren gilt somit, dass ein Argument umso paradoxer ist, je niedriger die subjektive Wahrscheinlichkeit seiner Schlussfolgerung ausfällt. Wenn wir uns die Formel in Kästchen 3 anschauen, erkennen wir, dass ich hier eine einfache Multiplikation von Wahrscheinlichkeiten vornehme, am Ende aber die Wahrscheinlichkeit der Schlussfolgerung von 1 abziehe. Der Grund für die Subtraktion (1 – W*c*) besteht darin, dass wir nicht kalkulieren wollen, wie hoch die subjektive Wahrscheinlichkeit der Schlussfolgerung ist, sondern wie niedrig. Indem wir die subjektive Wahrscheinlichkeit der Schlussfolgerung von 1 abziehen, erreichen wir genau das.

Schauen wir uns nun anhand einiger beispielhafter Fälle an, wie man die Formel anwendet, um zu bestimmen, wie intuitiv plausibel eine Paradoxie letztlich ist. Bei einem Argument mit zwei Prämissen, eine jede mit einer subjektiven Wahrscheinlichkeit von 0,5, hätten die Prämissen zum Beispiel eine kombinierte Wahrscheinlichkeit von

0,25. Wenn der Gedankengang unmittelbar einleuchtet, können wir dem Argument einen W*v*-Wert von 1 zuordnen, und wenn die Schlussfolgerung hochgradig unwahrscheinlich ist – sagen wir 0,2 –, so ergibt sich daraus 1 – W*v* gleich 0,8. Unterm Strich lautet die Paradoxitätsbewertung: 0,25 x 1 x 0,8 = 0,2, was nicht sehr hoch ist, weil die Prämissen nicht sehr wahrscheinlich erschienen.

Ein Argument wie das in der Einleitung angeführte Haufenparadoxon hat hingegen äußerst plausible Prämissen. Bei der ersten dieser Voraussetzungen – dass eine Person ohne Haare auf dem Kopf kahlköpfig ist – handelt es sich praktisch um eine begriffliche Wahrheit, die den Wahrscheinlichkeitswert 1 verdient. Die zweite Prämisse, die besagt, dass die Hinzufügung eines einzelnen Haars keinen Unterschied macht hinsichtlich der Frage, ob jemand kahlköpfig zu nennen ist, kommt scheinbar ebenfalls einer begrifflichen Wahrheit nahe, aber vielleicht bleibt bei dieser Prämisse etwas mehr Raum für Zweifel. Ich würde ihr einen Wert von 0,95 geben. Der Gedankengang ist schlüssig, W*v* wäre somit 1. Die Schlussfolgerung, dass eine Person mit 1 000 000 Haren kahlköpfig sei, ist fast schon per definitionem falsch und ließe sich beliebig steigern. Daher sollte die Wahrscheinlichkeit der Schlussfolgerung (W*c*) 0 betragen, und 1 – 0 ist 1. Wir haben also 1 x 0,95 x 1 (1 – 0) = 0,95. Zusammengenommen haben wir ein Argument mit einer Paradoxitätsbewertung von 0,95, ein sehr hoher Wert. Nach dieser Art der Einstufung ist die Haufenparadoxie also höchst paradox.

Nicht alle Argumente erreichen natürlich einen so hohen Paradoxitätswert. Betrachten wir ein als korrekt bekanntes Argument. Definitionsgemäß sind die Prämissen eines schlüssigen Arguments wahr, sein Gedankengang ist gültig und seine Schlussfolgerung ist richtig. Die Prämissen eines solchen Arguments haben folglich eine kombinierte subjektive Wahrscheinlichkeit von 1, die subjektive Wahrscheinlichkeit seiner Validität hat den Wert 1, ebenso wie die subjektive Wahrscheinlichkeit seiner Schlussfolgerung. Die Paradoxitätswertung eines schlüssigen Arguments beträgt aufgrund seiner richtigen Schlussfolgerung stets 0. Die Schlussfolgerung hat eine subjektive Wahrscheinlichkeit von 1, und die Paradoxitätsbewertung berechnet sich nach der Formel (W(*p*1, ..., *pn*) x W*v* x (1 – W*c*). So erhalten wir 1 x 1 x 0, sodass ein schlüssiges Argument also eine Paradoxitätsbewertung von 0 erhält. Nicht nur gute Argumente, sondern alle Argumente mit einer eindeutig wahren Schlussfolgerung erhalten eine Paradoxitätsbewertung von 0. Ein Argument mit einer eindeutig wahren Schlussfolgerung ist nach jeder plausiblen Definition nichtparadox und würde daher eine Paradoxitätsbewertung von 0 erhalten. Außerdem müssen Argumente keine offenkundig falschen Prämissen enthalten, um als Paradoxien zu gelten. Wenn die subjektive Wahrscheinlichkeit einer Prämisse 0 beträgt, so erhält das Argument – unabhängig von den subjektiven Wahrscheinlichkeiten der Schlussfolgerung und Validität – eine Paradoxitätsbewertung von 0.

Durch die Verwendung der Paradoxitätsbewertung können wir unterscheiden zwischen offenkundig nichtparadoxen Argumenten, Argumenten mit offenkundig falschen Prämissen sowie offenkundigen Paradoxien. Allerdings wäre es, wie sich bald zeigen wird, unklug, zur Unterscheidung von Paradoxien von Nichtparadoxien eine feste Zahl anzugeben. Tatsächlich würde das zu weiteren Paradoxien führen. Die Paradoxitätsbewertung bestimmt, welche Argumente paradoxer sind als andere und identifiziert die ganz klaren Fälle. Was die Grenzfälle der Paradoxität betrifft – zum Beispiel Argumente im Bereich von 0,5 oder 0,6 –, so weist eine Paradoxitätsbewertung lediglich darauf hin, dass es sich um Grenzfälle handelt und unterscheidet sie von klareren Fällen.

Bislang sind wir von einer Definition der Paradoxie ausgegangen, welche diese wie Argumente behandelt. Wenn wir uns eine Paradoxie als Reihe wechselseitig unvereinbarer Aussagen vorstellen, von denen jede einzelne wahr ist, können wir eine alternative Formel dafür angeben, wie intuitiv ein Paradoxon ist. Diese Formel kombiniert die subjektive Wahrscheinlichkeit jeder Aussage zusammen mit der subjektiven Wahrscheinlichkeit, dass die Aussagen untereinander widersprüchlich sind. Wir können das wie folgt symbolisieren, wobei W wieder die subjektive Wahrscheinlichkeit darstellt, jedes *A* auf eine Aussage in der Reihe verweist und *i* die Behauptung angibt, dass die Aussagenreihe inkonsistent ist:

Kästchen 4

Paradoxität von Aussagereihen
Paradoxität = W(*A*1, *A*2, …, *An*) x W(*i*)

Mit anderen Worten, die Paradoxität wird dadurch bestimmt, wie hoch die subjektive Wahrscheinlichkeit jeder Aussage ist zusammen mit der Wahrscheinlichkeit, dass die Reihe von Aussagen widersprüchlich ist.

Betrachten wir zum Beispiel eine weitere Paradoxie, den »einfachen Lügner«, das heißt die schlichte Variante der Lügnerparadoxie. Bei der Aussage (L) »Dieser Satz ist falsch« erkennen wir Folgendes: Falls die Aussage wahr ist, dann ist es wahr, dass die Aussage falsch ist, weil der Satz behauptet, falsch zu sein. Und wenn (L) falsch ist, dann ist es falsch, dass die Aussage (L) falsch ist, folglich ist die Aussage wahr. Wenn also Aussage (L) wahr ist, ist sie falsch, und ist sie falsch, so ist sie wahr. Aber weil Aussagen entweder wahr oder falsch sind, scheint daraus zu folgen, dass die Aussage sowohl wahr als auch falsch ist, was ein Widerspruch ist. Wir haben also eine Reihe von Aussagen:

Kästchen 5

Einfaches Lügnerparadoxon

1. Wenn L wahr ist, dann ist L falsch.
2. Wenn L falsch ist, dann ist L wahr.
3. L ist entweder wahr oder falsch, aber nicht beides.

Jede dieser Aussagen hat eine hohe subjektive Wahrscheinlichkeit angesichts der Aussage von L. Doch alle drei können nicht gleichzeitig wahr sein, ohne sich zu widersprechen, da die Wahrheit von L bedeutet, dass die Aussage falsch ist, und ihre Falschheit, dass sie wahr ist. Und dieser Widerspruch verletzt Aussage 3, wonach L nicht zugleich wahr und falsch sein kann. Wir haben also drei Aussagen mit einer hohen subjektiven Wahrscheinlichkeit, die zusammengenommen aber widersprüchlich sind. Wenn wir sehr hohe Werte in die Formel einspeisen, W (1 x 1 x 0,9) x W(1), dann erhalten wir ein Paradoxon mit einer Paradoxitätsbewertung von 0,9, was sehr hoch ist. Dieses Ergebnis ist auch kein Wunder, schließlich gilt der Lügner als eine der tiefsten philosophischen Paradoxien.

Wie oben gezeigt, dient die Paradoxitätsbewertung dem Zweck, den Grad einzuschätzen, in dem ein Argument paradox ist. Sie gibt uns auch eine Möglichkeit an die Hand, um zu erklären, warum etwas paradoxer ist als etwas anderes. Nehmen wir das einfache Lügnerparadoxon und eine stärkere Fassung dieser Paradoxie. Diese verstärkte Version ist paradoxer, weil sie eine Annahme aufstellt, die schwerer in Zweifel zu ziehen ist. Denn der Kern des Lügners »Dieser Satz ist falsch« postuliert die Falschheit seiner selbst, er ist falsch im Fall, dass er wahr ist, und wahr im Fall, dass er falsch ist. Doch nach einer einfachen logischen Regel, dem Prinzip der Zweiwertigkeit oder Bivalenz, sind alle Aussagen entweder wahr oder falsch. Ganz gleich also, welcher Wahrheitswert dem Satz beigemessen wird (wahr oder falsch), der andere wird ihm ebenfalls automatisch zugewiesen, sodass er beide Wahrheitswerte gleichzeitig erhält.

Der Unterschied zwischen dem einfachen und dem starken Lügner besteht in einer leicht veränderten Formulierung, denn die verstärkte Version lautet: »Dieser Satz ist nicht wahr.« Gibt man die Bivalenz auf, lässt sich das einfache Lügnerparadoxon mit der Antwort lösen, dass der Satz eben weder wahr noch falsch sei. Der verstärkte Lügner lässt nur den Satz vom ausgeschlossenen Dritten zu, wonach jede Aussage oder ihr Gegenteil wahr ist. Das Prinzip der Bivalenz lässt sich, mit einigen Erläuterungen, ablehnen, weit schwerer ist es jedoch, ein logisches Prinzip wie den Satz vom ausgeschlossenen Dritten über den Haufen zu werfen, ohne in einen Widerspruch zu geraten. Obwohl jemand also argumentieren könnte, dass der grundlegende Satz des Lügners weder wahr noch falsch ist, sondern schlicht sinnlos, ist es viel schwerer, den starken Lügner in gleicher Weise auszuhebeln. Das würde nämlich bedeuten, zu leugnen, dass der Satz weder wahr noch unwahr ist. Im ersten Fall könnte man sagen, dass die Wahrheit der Aussage, »Dieser Satz ist falsch«, abzulehnen, nicht dazu führt, dass der Satz falsch ist, da er immer noch sinnlos oder in anderer Weise falsch formuliert sein könnte. Wenn wir aber im zweiten Fall sagen, dass es nicht der Fall ist, »Dieser Satz ist nicht wahr«, scheinen wir damit gerade zu betonen, *dass* er wahr ist.

So muss der starke Lügner eine höhere Paradoxitätsbewertung haben als das einfache Lügnerparadoxon. Nehmen wir an, dass alle anderen Teile der vereinfachten wie der verstärkten Version der Lügnerparadoxie unbestreitbar sind, das heißt, den anderen Prämissen werden subjektive Wahrscheinlichkeiten von 1 und der Validität jeder Paradoxie ebenfalls 1 zugewiesen. Nehmen wir weiter an, dass beide Schlussfolgerungen offenkundig falsch sind, also: 1 – *Wc* gleich 1 – 0, das heißt 1. In diesem Fall beruht der einzige Unterschied zwischen den beiden Paradoxien hinsichtlich ihrer Paradoxitätsbewertung auf den subjektiven Wahrscheinlichkeitswerten des einfachen Lügnersatzes und des starken Lügnersatzes. Wird dem einfachen Lügnersatz zum Beispiel eine subjektive Wahrscheinlichkeit von 0,90 gegeben und dem verstärkten ein Wert von 0,95, wird letzterer eine Paradoxitätsbewertung von 0,95 und der einfache Satz von nur 0,9 haben. Der starke Lügner wäre damit ebenso paradox wie die Haufenparadoxie, und diese beiden werden wiederum als paradoxer eingestuft als das einfache Lügnerparadox.

Wir lassen also die intuitiven Anteile von Paradoxien deutlicher hervortreten, indem wir sie als subjektive Wahrscheinlichkeiten formulieren, und dadurch können wir erklären, warum einige Dinge paradoxer sind als andere. Dabei erweist sich der Lügner sowohl in der einfachen wie in der verstärkten Form als paradoxer als das Anreicherungsparadox, weil beide Versionen der Lügnerparadoxie Teile mit einer hohen subjektiven Wahrscheinlichkeit aufweisen. Im Gegensatz dazu hat die Schlussfolgerung der Anreicherungsparadoxie, wenngleich überraschend, noch immer eine niedrigere Wahrscheinlichkeit. Somit erweist sich diese Paradoxie als weniger paradox (siehe Tabelle 2).

1.4 Subjektive Wahrscheinlichkeit und Paradoxielösungen

Lösungen von Paradoxien lassen sich ebenfalls in Begriffen der subjektiven Wahrscheinlichkeit von Teilen des Paradoxons erklären. Es gibt viele Wege, Paradoxien zu lösen, meist jedoch greift man sich dazu einen Teil heraus und senkt seine subjektive Wahrscheinlichkeit.

Tabelle 2 Liste von Paradoxien und ihrer annähernden Paradoxität

Paradoxie	Paradoxitätsbewertung
Anreicherungsparadoxie	0,07
einfacher Lügner	0,9
starker Lügner	0,95
Haufenparadoxie	0,95

Viele Philosophen haben zum Beispiel versucht, das Haufenparadox durch den Hinweis aufzulösen, dass die Prämisse, wonach die Hinzufügung eines Haars keinen Unterschied macht, ob jemand kahlköpfig oder nicht kahlköpfig ist, entweder falsch oder irreführend sei (wir erinnern uns: für jede Zahl *n* gilt: wenn eine Person mit *n* Haaren kahlköpfig ist, dann ist eine Person mit *n* + 1 Haaren ebenfalls kahlköpfig).

Häufig wird versucht, die Haufenparadoxie durch den Nachweis zu lösen, dass diese Prämisse (die manchmal die induktive Prämisse genannt wird) nicht wahr sei und dass ein Haar eben doch den Unterschied ausmacht zwischen Kahlköpfigkeit und Nicht-Kahlköpfigkeit. Timothy Williamson argumentiert etwa, dass das Prinzip der Bivalenz – wonach jede Aussage entweder wahr oder falsch ist – ein wahrer Grundsatz sei und dass es aus diesem Grund in einer Reihe von Haaren (sagen wir: 0 bis eine Million), schließlich einen Punkt geben müsse, an dem ein Haar den Wechsel von kahlköpfig zu nicht kahlköpfig markiert.[21] Sobald wir diese Zahl erreichen – nennen wir sie *n* –, wäre die Aussage »Eine Person mit *n* Haaren ist kahlköpfig« wahr und die Aussage »Eine Person mit *n* + 1 Haaren ist kahlköpfig« falsch. Dies folge, so glaubt Williamson, aus der Prämisse, dass jede Aussage entweder wahr oder falsch ist. Entsprechend macht sich der Autor daran zu beweisen, dass unsere intuitive Annahme der Aussage, die Hinzufügung eines einzelnen Haars mache keinen Unterschied, ob jemand als kahlköpfig oder nicht kahlköpfig zu bezeichnen ist, ein Irrtum ist. Williamson ist somit bestrebt, unsere subjektive Wahrscheinlichkeit hinsichtlich dieses Teils der Paradoxie zu senken und behauptet, es scheine nur so, als ob ein Haar keinen Unterschied mache, ob jemand kahlköpfig sei, weil wir diesen Übergangspunkt nicht kennen können. Nur weil wir aufgrund unserer beschränkten Fähigkeiten nicht angeben können, an welchem Punkt sich der Wechsel vollzieht, folge daraus nicht, dass es keinen Wechsel gebe. Tatsächlich zeige das Prinzip der Bivalenz, dass dieser Wechsel existieren müsse. Mit anderen Worten: Aufgrund unserer Ignoranz des Übergangspunkts von Kahlköpfigkeit zu Nicht-Kahlköpfigkeit unterstellten wir, dass es gar keinen solchen Umschlag gebe. Folgt man Williamson, so müsste die subjektive Wahrscheinlichkeit der zweiten Prämisse der Haufenparadoxie gesenkt werden.

Ob ihm das tatsächlich geglückt ist, steht auf einem anderen Blatt. Der Punkt ist jedoch, dass es ihm bei seiner Behandlung darum ging, auf einen Teil der Paradoxie zu weisen und dann zu versuchen, dessen subjektive Wahrscheinlichkeit zu senken, indem er aufzeigt, dass wir mit unserer Auffassung, diesem Teil eine hohe subjektive Wahrscheinlichkeit zuzumessen, in die Irre gehen.

Betrachten wir ein Beispiel, das uns nun schon bekannt ist: Kommissarin Flints Problem, eine künftige Explosion zu verhindern, deren Eintritt von einem Wissenschaftler vorausgesehen wird. Wir haben gesehen, dass es einen Widerspruch gab zwischen der Annahme, die Bilder der künftigen Explosion seien zutreffend, und der Prämisse,

Flint sei in der Lage, die kommende Explosion zu vereiteln. Ein Weg, um dieses Paradoxon zu lösen, wäre es zu behaupten, dass es zwar plausibel sein könnte, Flint die Macht zur Verhinderung der künftige Explosion zuzuschreiben, dass diese aber, wenn die Bilder *tatsächlich* zutreffen, ungeachtet aller gegenteiligen Anstrengungen Flints schlicht geschehen *muss*. Die Zukunft ist vorherbestimmt und nichts kann verhindern, dass sich die Explosion ereignen wird. Tatsächlich könnten, falls die Bilder wirklich zutreffen, Flints Handlungen die Explosion sogar erst auslösen. So wird das Paradoxon aufgelöst, indem wir uns des Konflikts zwischen Flints Freiheit zur Vereitelung der künftigen Explosion und dem Wahrheitsgehalt der Bilder entledigen und die Prämisse ablehnen, dass Flint eine solche Freiheit besitzt. Man könnte argumentieren, dass es nur so scheint, als besitze sie die Freiheit, das Ereignis zu verhindern, während ihre vermeintliche Freiheit in Wirklichkeit eine Illusion ist. So wird die subjektive Wahrscheinlichkeit jenes Teils der Paradoxie, der behauptet, Flint könne die Explosion verhindern, gesenkt.

Ein interessantes Ergebnis unserer Skalierung mittels ihrer subjektiven Wahrscheinlichkeit ist, dass sich damit das Wesen der Paradoxie selbst als paradox erweisen lässt. Das folgende, der Haufenparadoxie nachgebildete Argument ist eine Paradoxie über Paradoxien selbst – das heißt, eine Paradoxie höherer Ordnung:

Kästchen 6

Die Paradoxitätsparadoxie

1. Ein Argument mit einer Paradoxitätsbewertung von 0 ist nicht paradox.
2. Für jede Zahl *n* gilt: wenn ein Argument mit einer Paradoxitätsbewertung von *n* nicht paradox ist, dann ist auch ein Argument mit einer Paradoxitätsbewertung von (n + 0,001) nicht paradox.
3. Ein Argument mit einer Paradoxitätsbewertung von 1 ist nicht paradox.

Die Paradoxität dieses Arguments ist ziemlich hoch. Wie bei der Haufenparadoxie erscheinen beide Prämissen wahr, der Gedankengang ist geradlinig und die Lösung, entsprechend unserer Definition von Paradoxität, begrifflich falsch. Das Argument zeigt, dass selbst das Konzept der Paradoxie nicht immun gegen Paradoxität ist. Weil Paradoxien selbst graduelle Unterschiede zulassen, können auch aus ihnen neue Paradoxien hervorgehen. Und weil es Myriaden von Paradoxien über eine große Bandbreite von Begriffen gibt, ist es nur logisch, dass auch der Begriff der Paradoxie selbst paradox werden kann.

1.5 Schlussfolgerungen

Wir sind von unseren Intuitionen als Grundlage für Paradoxien ausgegangen, um diese Intuitionen dann mit Hilfe des Konzepts der subjektiven Wahrscheinlichkeit zu analysieren. So sind wir zu einem Bewertungskriterium gelangt, der Paradoxität, die uns wiederum eine Erklärung dafür liefert, warum ein Paradoxon tiefer ist als ein anderes. Wir haben damit auch einen Weg gefunden, um die Intuitionen klarer zum Vorschein treten zu lassen, die notwendig sind, damit etwas als paradox erscheint. Lösungen für Paradoxien können, wie wir ebenfalls gesehen haben, auf einen Teil der Paradoxie weisen, um den Nachweis zu führen, dass die subjektive Wahrscheinlichkeit der Paradoxie gesenkt werden sollte. Da wir jetzt ein recht gründliches Verständnis der intuitiven Grundlagen von Paradoxien gewonnen haben, können wir uns den verschiedenen Lösungen zuwenden, die für sie angeboten wurden.

2

WIE MAN PARADOXIEN LÖST

2.1 Einleitung: Paradoxien schulen unsere Intuition

Stellen Sie sich vor, Sie nehmen an einer Spielshow teil. Der Moderator zeigt Ihnen drei verschlossene Türen und informiert Sie, dass Sie hinter einer der Türen ein brandneues Auto als Gewinn erwartet, hinter jeder der andern Türen dagegen eine Ziege. Sie werden dann aufgefordert, eine Tür zu wählen. Sobald Sie Ihre Wahl getroffen haben, sagen wir Tür Nr. 1, öffnet der Moderator – der weiß, wo der Preis versteckt ist – wie bei jedem anderen Kandidaten eine andere Tür, Tür Nr. 3, hinter der sich eine Ziege verbirgt. Dann räumt er Ihnen die Chance ein, Ihre Wahl von Tür 1 zu Tür Nr. 2 zu ändern.

Sollten Sie die Tür wechseln? Hätte das irgendeinen Nutzen? Vor diese Frage gestellt, würden die meisten Menschen sagen, dass die Wahrscheinlichkeit zu gewinnen ebenso hoch wäre, wenn Sie bei Ihrer ersten Wahl blieben, Tür Nr. 1, als wenn Sie zu Tür Nr. 2 wechselten. Die meisten Menschen würden Ihnen bei Ihrer ersten Wahl eine Chance von 1 zu 3 geben, das Auto zu gewinnen, und erklären, dass Sie nun eine Chance von 1 zu 2 haben, ganz gleich, ob Sie Tür 1 oder Tür 2 wählen. Ein Wechsel der Tür würde also keine Rolle spielen. Tatsächlich stellt sich heraus, dass unsere gewöhnliche Intuition hinsichtlich des Nutzens eines Wechsels trügt. In Wirklichkeit würden Sie Ihre Chance nämlich beträchtlich erhöhen, wenn Sie die Tür wechseln.

Um zu sehen, warum das so ist, stellen Sie sich vor, dass Sie der Gastgeber der Show sind und wissen, wo sich das Auto befindet. Wenn der Kandidat beim ersten Versuch die richtige Tür wählt, können Sie ihr oder ihm offenbaren, was sich hinter einer der beiden anderen Türen verbirgt, um dem Kandidaten dann das Angebot zu unterbreiten, seine erste Wahl zu überdenken und zur einzigen anderen verbliebenen Tür, Nr. 2, zu wechseln. Doch wie hoch steht die Chance? Sie beträgt anfangs nur 1 zu 3, weil der Kandidat eine Chance von 1 zu 3 hat, die richtige Tür zu erwischen. Es ist also um zwei Drittel wahrscheinlicher, dass der Kandidat die falsche Tür gewählt hat. Und wenn das der Fall ist, dann ist das Auto hinter einer der beiden verbliebenen Türen, und Sie, der Moderator, der Sie wissen, wo sich das Auto verbirgt, *müssen* nun die einzige Tür öffnen, hinter der jetzt noch eine Ziege steckt. Es ist also wahrscheinlicher, dass Sie als Moderator die Tür öffnen mussten, weil es die einzige mit einer Ziege dahinter war, die Sie öffnen konnten. Deshalb hat der Kandidat eine hö-

Abbildung 2: Das Ziegen- oder Monty-Hall-Paradoxon
(Grafik aus *Zen and the Art of Programming*, unter: http://programmingzen.com/2009/01/01/monte-carlo-simulation-of-the-monty-hall-problem-in-ruby-and-python/)

here Chance, das Auto zu gewinnen, wenn er die Tür wechselt, statt bei seiner ursprünglichen Wahl zu bleiben.

Dieses Gedankenexperiment wird Ziegen- oder, nach einem berühmten amerikanischen Showmaster, Monty-Hall-Problem genannt (Abbildung 2).[22] Es illustriert sehr schön, wie einige der schwächeren Paradoxien gelöst werden können. Wie das in der Einleitung erörterte Paradoxon der Anreicherung stößt uns diese Paradoxie auf eine intuitive Annahme – in diesem Fall über Wahrscheinlichkeiten – und zeigt, dass uns unsere Intuition in die Irre führt. Durch den Nachweis, dass unsere Erwartung falsch war, »schult« sie also gewissermaßen unsere Intuition über Wahrscheinlichkeit. Beim Ziegenparadoxon gelang das, indem wir auf die Wahl des Moderators achteten und zeigten, dass er mit größerer Wahrscheinlichkeit die einzige Tür öffnen würde, hinter der sich eine Ziege verbarg, was die verbliebene Tür zum wahrscheinlicheren Tor zum Gewinn machte und für den Kandidaten einen Wechsel zur besseren Wahl. Diese »Umerziehung« der Intuition durch den Nachweis, dass sich eine kontraintuitive Schlussfolgerung – dass der Wechsel der Tür die Chancen des Kandidaten erhöht – als wahr herausstellt, ist ein üblicher Weg zur Lösung von Paradoxien.

Ein anderer Weg zur Schulung unserer Intuition ist der Nachweis, dass schon die Vorstellung selbst, die zur Paradoxie führt, widersprüchlich ist. Ein Beispiel dafür liefert uns die Standardlösung der Barbierparadoxie. Stellen wir uns ein entlegenes Gebirgsstädtchen auf Sizilien vor, das nur einen Barbier hat, dessen Arbeit es ist, alle Männer des Ortes zu rasieren, die sich nicht selbst rasieren, und zwar nur solche. Rasiert sich der Barbier folglich selbst? Wenn er sich selbst rasiert, dann tut er es nicht, weil er ja nicht diejenigen rasiert, die sich selbst rasieren. Und wenn er sich nicht rasiert, so tut er es doch, weil seine Arbeit ja darin besteht, all jene Männer zu rasieren, die sich nicht selbst den Bart trimmen. Eine übliche Art, mit dieser Paradoxie umzugehen, besteht darin zu sagen, dass es solch einen Barbier schlicht nicht geben kann. Unsere intuitive Annahme, dass es ihn geben müsste, ändert sich bei genauerem Nachdenken, und wir beginnen, den Grad zu senken, in dem wir an einen Teil der Paradoxie glauben.

Durch Schulung unserer Intuitionen – wie beim Barbierparadox und der kniffligen Entscheidung in der Spielshow – finden wir Auswege aus Paradoxien. Wir haben oben gesehen, dass es nützlich sein kann, uns unsere Intuition, oder das, was wir in einer gegebenen Situation »sagen würden«, im Sinne von Überzeugungs*graden* zu denken. Wenn eine unserer Überzeugungen zum Beispiel eine höhere subjektive Wahrscheinlichkeit hatte – das heißt nahe 1 –, dann ist unsere rationale Überzeugung stärker. Wenn unsere Überzeugung eine geringe subjektive Wahrscheinlichkeit hat – etwa 0,2 –, so sind wir überhaupt nicht überzeugt, sondern glauben nicht daran. Und wenn die subjektive Wahrscheinlichkeit unserer Überzeugung einen Wert von 0,5 hat, die Mitte zwischen völligem Unglauben (0) und absoluter Sicherheit (1), dann sind wir von der Sache weder überzeugt noch ungläubig. Paradoxien zu lösen bedeutet also gewöhnlich, dass wir unser intuitives Verständnis von etwas – wie die Einschätzung unserer Gewinnchancen oder eines Barbiers, der alle und nur solche Männer rasiert, die sich nicht selbst rasieren, und so weiter – hernehmen und zeigen, dass der Grad, in dem wir rational von der Triftigkeit unserer Intuition überzeugt sind, gesenkt werden sollte. Weil es bei der subjektiven Wahrscheinlichkeit darum geht, was rational denkende Menschen glauben, sind wir in unseren Lösungsansätzen bestrebt, rationale Gründe zu liefern, um den Grad der Überzeugung über Teile einer Paradoxie zu senken. Diese »Umerziehung« unserer Intuition, bei der wir unsere Intuition gewissermaßen wieder auf die Schulbank schicken, lässt sich in vielfältiger Weise bewerkstelligen.

Tabelle 3 listet verschiedene Strategien zur Lösung von Paradoxien auf. Mit dem hier verwendeten Ausdruck »Lösungs*typ*« meine ich eine Strategie zur Analyse von Paradoxien. Zwei verschiedene Theorien mögen unterschiedliche Lösungsansätze für dasselbe oder auch verschiedene Paradoxien anbieten; kommt dabei dieselbe Analysestrategie zum Einsatz, gehören sie zum selben Lösungstyp. Zenon von Elea und Michael Dummett zum Beispiel optierten, wie weiter unten gezeigt, für die Lösung, die »bittere Pille zu schlucken«: Zenon glaubte, dass es für die von ihm aufgestellten Paradoxien von Raum und Bewegung keine Lösungen geben könne, und Michael Dummett schloss eine plausible Lösung für die Haufenparadoxie aus. Obwohl sie sich

Tabelle 3 Lösungstypen: Verschiedene Strategien zur Lösung von Paradoxien

Lösungstyp	**Erklärung**	**Beispiele**
Der Präventivschlag: Paradox bestreiten	Die Paradoxie ist gegenstandslos, weil eine zentrale Vorstellung darin grundfalsch ist, auch wenn wir intuitiv das Gegenteil glauben.	Sainsburys Darstelllung der Barbierparadoxie
Der Blindgänger: hohle Aussage in Paradoxie aufdecken	Ein angeblich plausibler Teil der Paradoxie ist falsch.	Timothy Williams Lösung der Haufenparadoxie
Die »Picobello«-Antwort: scheinbare Widersprüche bestreiten	Scheinbar widersprüchliche Aussagen können alle gleichzeitig wahr sein, bzw. die Konklusion der Paradoxie, als Argument verstanden, ist zutreffend.	Lösung der modernen Wahrscheinlichkeitstheorie für die Monty-Hall-Paradoxie
Der Holzweg: Gedankengang als falsch erweisen	Nachweis, dass die der Paradoxie zugrunde liegende Argumentation falsch ist.	gradtheoretische Lösung der Haufenparadoxie
Die Umgehung: Paradoxie akzeptieren, aber alternative Deutung anbieten	Paradoxie offenbart grundlegenden Fehler unserer Vorstellung, der sie erst möglich macht, es gibt aber nichtparadoxe Interpretation dieser Vorstellung.	Tarskis Lösung der Lügnerparadoxie
Die bittere Pille schlucken: akzeptiert die Paradoxie ohne Wenn und Aber	Paradoxie offenbart grundlegenden Fehler in unserer Vorstellung, ohne dass annehmbare Alternative denkbar wären.	Zenons »Lösung« seiner eigenen Paradoxien

mit verschiedenen Paradoxien befassen, bedienen sich bei ihrer Behandlung derselben generellen Strategie und kommen beide zu demselben Schluss, eben dass sich das Paradoxon nicht auflösen lässt.

Schauen wir uns jede der in der Tabelle genannten Strategien zur Lösung von Paradoxien genauer an. Sollte Ihnen diese Klassifikation in Form eines Typenkatalogs bzw. einer Taxonomie etwas künstlich anmuten, so mit Recht. Einige Lösungen liegen im Grenzbereich zwischen verschiedenen Typen. Manche Paradoxien – zum Beispiel Flints Paradox – lassen sich als Paradoxien über das Wesen der Zeit, aber auch über die Willensfreiheit charakterisieren; andere Behandlungen von Paradoxien passen nicht ganz genau zu einer der Kategorien.

Die detaillierte Analyse sämtlicher verfügbarer logischer Systeme zur Behandlung von Paradoxien wäre für ein einzelnes Buch ein zu großes Unterfangen, es lohnt sich aber, sich einige der erfolgsversprechenderen Strategien einmal näher anzusehen und zu schauen, mit welchen Mitteln es ihnen gelingt, Lösungsansätze für einige der kniffligeren Paradoxien zu finden. Zu dieser Liste gehören Systeme aus vielfältigen Gebieten, darunter die Zermelo-Fraenkel-Mengenlehre, der Bayesianismus, gradtheoretische und fuzzylogische Ansätze, die Entscheidungstheorie und parakonsistente Logiken. Diese Systeme sind schon für sich genommen interessant und haben heute in Wissenschaft, Mathematik und Politik wichtige Anwendungsgebiete. Der Bayesianismus zum Beispiel eröffnet eine weitere Möglichkeit zur Evaluierung wissenschaftlicher Beweise; die Zermelo-Fraenkel-Mengenlehre ist die maßgebliche Theorie zur Behandlung von Mengen; die Fuzzylogik, die sich mit unscharfen Phänomenen befasst, findet in einer großen Bandbreite von Gebieten Anwendung, zum Beispiel bei der computerisierten Erkennung von Unterschriften, während die Entscheidungstheorie wichtige Konsequenzen für Verantwortliche in Regierung, Forschung und anderen Bereichen hat.

2.2 Lösungstyp 1: Der Präventivschlag – der Paradoxie zuvorkommen

Mark Sainsbury fasst eine verbreitete Auflösung der Barbierparadoxie wie folgt zusammen:

> Die unannehmbare Voraussetzung ist, es gäbe einen solchen Barbier – einen, der sich selbst rasiert, genau dann, wenn er es nicht tut. Die Geschichte mag sich akzeptabel angehört haben: Sie hat unsere Gedanken – erfreulicherweise – in das sizilianische Bergland gelenkt. Sobald wir jedoch verstanden haben, was die Folgen sind, wird offensichtlich, dass die Geschichte nicht wahr sein kann. Es kann keinen solchen Barbier oder ein solches Dorf geben. Die Geschichte ist nicht annehmbar. Dies ist keine sehr tiefe Paradoxie, denn

die Unannehmbarkeit ist durch Berge und Ferne nur sehr wenig verschleiert.[23]

Für Sainsbury führt uns unsere Intuition, die uns weiszumachen versucht, es könne so etwas geben wie einen Barbier, der all diejenigen Männer der Stadt rasiert, die sich nicht selbst rasieren, und nur diese, in die Irre. Die Barbiergeschichte bekäme einen recht geringen Paradoxitätswert, aus dem einfachen Grund, weil sich leicht zeigen lässt, in was für einen logischen Schlamassel uns die Annahme eines solchen Barbiers stürzt.

Schauen wir uns noch einmal Kommissarin Flint und ihr Dilemma an. Ein Weg, mit ihrer paradoxen Situation umzugehen, besteht darin, einfach zu bestreiten, dass es verlässliche Bilder der Zukunft geben kann. Man könnte argumentieren, die Bilder zeigten lediglich ein wahrscheinliches Geschehen, aber nicht das, was tatsächlich passieren wird. Wird bestritten, dass es völlig akkurate Vorhersagen der Zukunft geben kann, räumt man Flint die Möglichkeit ein, die Explosion noch zu verhindern, wodurch den Bildern sogar eine gewisse Vorhersagekraft erhalten bleibt.

Eine Variante dieses Lösungstyps wird auf Paradoxien angewandt, die mit abstrakten Begriffen arbeiten, wobei diese dann entweder als sinnlos oder in sich widersprüchlich erklärt werden. So wird zum Beispiel der einfache Lügner in der Form »Dieser Satz ist falsch« mit der Begründung zurückgewiesen, die Aussage sei sinnlos und folglich weder wahr noch falsch. Indem diese Strategie den Satz selbst madig macht, lässt sie das Lügnerparadox gar nicht erst aufkommen.

Auch logische Systeme können dazu dienen, einen Präventivschlag gegen eine Paradoxie zu führen. Wie sich das bewerkstelligen lässt, verdeutlicht der Umgang der Zermelo-Fraenkel-Mengenlehre mit dem Russellschen Paradoxon.

2.2.1 Beispiel eines Präventivschlags: Die Zermelo-Fraenkel-Mengenlehre erledigt das Russellsche Paradoxon

1902 erhielt der berühmte deutsche Mathematiker Gottlob Frege einen Brief von Bertrand Russell, in dem dieser die später so genannte Russellsche Antinomie oder Paradoxie darlegte. Frege war verblüfft und schrieb seinem Kollegen zurück:

> Ihre Entdeckung des Widerspruchs hat mich auf's Höchste überrascht und, fast möchte ich sagen, bestürzt, weil dadurch der Grund, auf dem ich die Arithmetik sich aufzubauen dachte, in's Wanken gerät. Es scheint danach, dass ... mein Gesetz V ... falsch ist .... Ich muss noch weiter über die Sache nachdenken. Sie ist umso ernster, als mit dem Wegfall meines Gesetzes V nicht nur die Grundlage meiner Arithmetik, sondern die einzig mögliche Grundlage der Arithmetik überhaupt zu versinken scheint. Und doch, sollte ich denken, muss es möglich sein, solche Bedin-

> gungen für die Umwandlung der Allgemeinheit einer Gleichheit in eine Wertverlaufsgleichheit aufzustellen, dass das Wesentliche meiner Beweise erhalten bleibt. Jedenfalls ist Ihre Entdeckung sehr merkwürdig und wird vielleicht einen großen Fortschritt in der Logik zur Folge haben, so unerwünscht sie auf den ersten Blick auch scheint.[24]

Das Gesetz V, das Frege in seiner Antwort an Russell erwähnt, ist eines der Grundprinzipien der traditionellen »naiven« Mengenlehre, das sogenannte unbeschränkte Komprehensionsaxiom. Es besagt, dass im Rahmen dieser Mengenlehre die Mengenbildung ungeregelt und unbeschränkt ist. Somit existiert zu jeder Eigenschaft die Menge aller Objekte, auf die diese Eigenschaft zutrifft. »Rot« zum Beispiel ist eine Eigenschaft, also gibt es eine mit dieser Eigenschaft korrespondierende Menge, nämlich die Menge aller roten Dinge. Nach dieser frühen, einfachen Auffassung von Mengen gilt: Solange etwas eine Eigenschaft ist – mit anderen Worten, solange es sich auf ein potenzielles Merkmal der Realität bezieht wie »ist rot«, »ist eine Zahl«, »ist prim«, »ist ein Hund« und so weiter –, gibt es eine dazu passende Menge. Und diese Bedingung trifft sogar zu, wenn es tatsächlich gar nichts gibt, was diese Eigenschaft aufweist. Obwohl kein Mensch gegenwärtig in seiner Eigenschaft König von New York ist (auch wenn der Immobilienhai Donald Trump da womöglich anderer Meinung ist), gibt es eine mit dieser Eigenschaft korrespondierende Menge. Das ist das unbeschränkte Komprehensionsaxiom, Freges Gesetz V.

Der von Russell entdeckte Widerspruch, der Frege so überraschte, war die paradoxe Menge R. Die Menge R wirft nämlich ein Problem auf, hat sie doch die Eigenschaft, »eine Menge aller Mengen zu sein, die sich nicht selbst enthalten«. Wenn R sich selbst enthält, so wäre sie Teil einer Menge, die sich nicht selbst enthält, sie würde sich also folglich doch nicht selbst enthalten. Wenn sich R jedoch nicht selbst enthält, so würde sie gerade die Eigenschaft besitzen, um zu der Menge zu gehören. Sie wäre also doch in sich selbst enthalten:

Kästchen 7

Russells paradoxe Menge R

R: Menge aller Mengen, die sich nicht selbst als Element enthalten

Könnte man nicht bei der Menge R irgendeinen Fehler finden, der sie disqualifiziert? Das ist leichter gesagt als getan, denn ein so schlichter Präventivschlag wird dadurch vereitelt, dass es im Prinzip nichts Falsches an Mengen gibt, die andere Mengen enthalten. Die Menge aller Mengen mit zwei Elementen ist ein Beispiel dafür: {{1,2}, {a, b}, {0, 11}, {2, 5}, ... }. Außerdem enthalten einige Mengen offenbar sich selbst, wie die Menge aller Mengen, andere hingegen nicht. Die Menge aller Tassen ist selbst keine Tasse und enthält sich folglich nicht selbst. Aber die Menge aller Mengen besitzt die Eigenschaft, auch selbst eine Menge zu sein, daher ist sie in sich selbst enthalten. Die Menge R besteht selbst auch aus Mengen: solchen, die sich nicht selbst enthalten. Ein Element dieser Menge ist die Menge der Tassen. Die Menge der Tassen ist keine Tasse, sondern eine Menge, sie zählt also zu den Mengen, die sich selbst nicht enthalten. Die Menge der Rosen ist keine Rose, gehört folglich auch zur Menge der Mengen, die sich nicht selbst enthalten etc. So kämpft die vermeintlich gute Strategie, die Menge R als fehlerhaft zu disqualifizieren, mit der Schwierigkeit, zu benennen, was denn an ihr – und der naiven Mengenlehre, die R zulässt – nicht stimmen soll. In der Tabelle unten findet sich eine Liste von Mengen mit fortschreitendem Abstraktionsgrad. Wir beginnen mit der grundlegendsten Menge, einer Menge von Objekten – in diesem Fall vier Tassen. Wir kommen dann zu Mengen von Zahlen, Mengen von Mengen und schließlich Mengen von Mengen mit bestimmten Eigenschaften. Russells Menge R steht an siebter Stelle:

Die heute maßgebliche Zermelo-Fraenkel-Mengenlehre (ZF)[25] bietet einen Ausweg aus dem Russellschen Paradoxon. Die einfache Strategie besteht darin, sich des unbeschränkten Komprehensionsaxioms zu entledigen, wonach es für jede Eigenschaft eine Menge aller Dinge geben muss, die dieser Eigenschaft entspricht. Durch die Festlegung,

Kästchen 8

Beispielliste von Mengen

1. Eine Menge von vier Tassen: {Tasse 1, Tasse 2, Tasse 3, Tasse 4}
2. Die Menge aller natürlichen Zahlen, z. B.: {1, 2, 3, ... }
3. Die Menge aller natürlichen Zahlen, die größer sind als 3: {4, 5, 6, ... }
4. Die Menge der Mengen, die zwei Elemente enthalten: {{a, b}, {1, 2}, {101, 102}, ... }
5. Die Menge der Mengen: {{a, b, c}, {0, 1, 2, 3, ... }, {Tasse 1, Tasse 2, Tasse 3, Tasse 4}, ... }
6. Die Menge der Mengen, die sich selbst als Elemente enthalten: {Menge aller Mengen mit mehr als einem Element, Menge aller Mengen mit mehr als zwei Elementen, ... }
7. Die Menge der Mengen, die sich nicht selbst enthalten: {die Menge der Tassen, die Menge der Rosen, die Menge der Mengen mit weniger als zwei Elementen, ... }

was überhaupt als Menge gelten kann, ändern sich unsere grundlegenden Intuitionen darüber, was Mengen sind und wie sie gebildet werden. Die ZF-Mengenlehre legt nun fest, dass es für jede Menge und jede definierbare Eigenschaft eine Teilmenge aller Elemente der gegebenen Menge gibt, die diese Eigenschaft erfüllt. Man beginnt also nicht mit einer Eigenschaft, um dann zu sagen, dass es eine Menge gibt, die dieser Eigenschaft entspricht. Stattdessen bestimmt man am Anfang eine Menge und eine Eigenschaft, um dann zu sagen, dass es für diese Menge und Eigenschaft eine Teilmenge aller Elemente der Menge gibt, die diese Eigenschaft erfüllen. Was ist der Unterschied? Man kann es sich so vorstellen, dass die naive Mengenlehre gewissermaßen von oben ansetzt, die ZF-Mengenlehre von unten. Statt mit einer Eigenschaft zu beginnen und sich dann Objekte zusammenzusuchen, die dieser Eigenschaft genügen, beginnt man mit Einzelelementen und bildet Mengen, die jeder gegebenen Eigenschaft entsprechen. So lässt sich im Rahmen der ZF-Mengenlehre die Menge R gar nicht konstruieren, ja überhaupt keine Menge aller Mengen bilden, weil man hier beim Einzelnen ansetzt, um Mengen zu bilden, und angibt, welche Teilmengen einer gegebenen Menge einer Eigenschaft entsprechen.

Die ZF-Mengenlehre führt somit einen »Präventivschlag« gegen das Russellsche Paradoxon, insofern sie Regeln für die Bildung von Mengen festlegt und damit die problematische »Menge aller Mengen, die sich nicht selbst enthalten« von vornherein ausschließt. Um en détail zu verstehen, wie ihr das gelingt, sollten wir uns die Theorie ein wenig genauer ansehen.

Die ZF-Mengenlehre ist eine axiomatische Mengenlehre, das heißt sie fußt auf bestimmten Axiomen, elementare Grundsätze, die innerhalb eines Systems ohne weitere Begründung als gegeben angenommen werden. Die ZF-Mengenlehre enthält außerdem axiomatische Grundbegriffe, das heißt gegebene Definitionen innerhalb des Systems, die ebenfalls nicht weiter begründet werden. Ein solcher Grundbegriff der ZF-Mengenlehre ist die sogenannte fundierte Menge. Diese Menge ist für ZF eine erbliche Menge, das heißt eine, in der alle Elemente der Menge selbst Mengen sind, ebenso wie alle ihre Elemente und so weiter. Tatsächlich reichen in einer erblichen Menge die Elementmengen bis ins letzte Glied. Die ZF-Mengenlehren enthält auch eine primitive Relation, jene der Mengenzugehörigkeit, dargestellt mit dem Symbol $\in$. Die Formel $a \in b$ kann also gelesen werden als »*a* ist ein Element von *b*« oder »*a* ist in *b* enthalten«. Dieses Symbol wird zusammen mit den anderen Symbolen der Prädikatenlogik erster Stufe der ZF-Mengenlehre verwendet.

Die Axiome von ZF, insbesondere das Aussonderungsschema oder Axiomenschema der beschränkten Komprehension,[26] geben uns einen Mengenbegriff, innerhalb dessen die Menge R unannehmbar ist, folglich kann das Russellsche Paradoxon hier gar nicht erst aufkommen. Schauen wir uns einige dieser Axiome näher an. Das erste Axiom, das Extensionalitätsaxiom, legt fest, dass Mengen genau dann gleich sind, wenn sie dieselben Elemente enthalten. Das zweite Axiom, das Fundierungsaxiom oder Axiom der Regularität, gibt an, dass jede nichtleere Menge A mindestens ein Element B enthält, das keine Elemente in A hat.

Anders formuliert: Jede nichtleere Menge enthält ein Element, dass von der Menge »disjunkt« ist, wie man das nennt. Was ist der Sinn dieser Festlegung? Sie bedeutet, dass es bei einer nichtleeren Menge A ein B geben muss, das ein Element von A ist, und A und B müssen unterschieden sein, insofern kein Element von B in A enthalten sein darf. Man mag sich fragen, wie etwas, das Element von B ist – nennen wir es C – nicht auch ein Element von A sein soll, wo es sich bei B doch um ein Element von A handelt. Erinnern wir uns aber, dass B eine Menge ist, die ein Element von A ist, daher ist C streng genommen nicht gleichfalls ein Element von A. Eine der Konsequenzen dieses Axioms ist, dass sich A nicht als Element selbst enthalten kann. Im Hinblick auf das Russellsche Paradoxon ist das wichtig, denn das Axiom zieht eine klare Trennlinie zwischen Mengen und den Elementen, die sie enthalten: Es wahrt also eine strenge Hierarchie zwischen Mengen und ihren Elementen, sodass Mengen nicht gleichzeitig auch Elemente sein können.

Das Axiomenschema der ZF-Mengenlehre wirkt sich nachhaltig auf die Russellsche Antinomie aus. Das Aussonderungsaxiom legt nämlich fest, dass es, gegeben eine beliebige Menge und eine beliebige, die Elemente dieser Menge charakterisierenden (oder nicht charakterisierenden) Eigenschaft, eine Teilmenge dieser Menge gibt, die alle Elemente enthält, die dieser Eigenschaft genügen. Nehmen wir zum Beispiel die Menge x, die aus folgenden Elementen besteht: {Rot, 12, c, Blau}, und die Eigenschaft, eine Farbe zu sein. In dieser Menge gibt es eine Teilmenge {Rot, Blau}, die die Eigenschaft »Farbe« erfüllt. Es gibt weitere Teilmengen der Menge für andere Eigenschaften, wie »eine natürliche Zahl sein« oder »die leere Menge sein«. Der grundlegende Punkt des Axiomenschemas ist, dass jede definierbare Teilmenge einer Menge selbst eine Menge bildet. Das ist für das Russellsche Paradox relevant, weil im Rahmen der ZF-Mengenlehre eine Eigenschaft keine Menge determiniert. Stattdessen gilt: *Gegeben eine Menge* und *gegeben eine Eigenschaft* werden einige Dinge die Eigenschaft erfüllen, andere nicht.

Die ZF-Mengenlehre schaltet also erfolgreich das Paradox der Menge R aus: Die Menge aller Mengen, die sich nicht selbst als Element enthalten, kann es in ihr nicht geben. Allerdings führt die ZF-Mengenlehre durch Errichtung eines Systems, in dem R nicht fundiert ist und das Paradoxon folglich vermieden wird, selbst zu einigen unbefriedigenden Konsequenzen. So gibt es in ihr zum Beispiel keinen Weg, um eine Menge aller Mengen zu bilden. Aber sollte es eine solche Menge nicht geben? Was ist außerdem mit der Menge aller Kardinalzahlen (das heißt der natürlichen Zahlen zur Beschreibung der Mächtigkeit oder »Kardinalität« von Mengen)? Auch diese Menge kann nach der Mengenlehre von Zermelo und Fraenkel nicht gebildet werden. Generell entspricht das naive Konzept, wonach jede Eigenschaft eine Menge bestimmt, anscheinend eher unserer intuitiven Auffassung von Mengen. Die zusätzliche Bedingung für eine Menge von Elementen, dass eine Teilmenge die Eigenschaft erfüllt, mag manchem wie aus dem Hut gezaubert vorkommen, um der Antinomie zu entgehen. Wie viele »Lösungen« von Paradoxien zieht also auch diese Theorie einige problematische Konsequenzen nach sich.

2.2.2 Der Präventivschlag auf dem Prüfstand

Die Methode des Präventivschlags zur Lösung von Paradoxien senkt die subjektive Wahrscheinlichkeit der Vorstellung, aus der die Paradoxie erst entsteht, in dem sie diese Vorstellung infrage stellt. Als Folge werden auch die subjektiven Wahrscheinlichkeiten der Annahmen der Paradoxie gesenkt. Dieser Lösungstyp ist nur erfolgreich, wenn das die Paradoxie aufwerfende Element leicht aufgegeben oder mit geringem Verlust abgeändert werden kann. Die Welt wird Barbiere, die allen – und nur den –Dorfbewohnern den Bart scheren, die sich nicht selbst rasieren, nicht missen, aber der Mengenbegriff ist für die Mathematik wichtig und spielt sogar eine Rolle dafür, wie wir die Welt um uns herum organisieren. Wenn unsere Vorstellung von dem, was eine Menge ausmacht, einen fundamentalen Fehler hat, könnte mit unserer Verwendung von Mengen – vielleicht sogar mit der Art, wie wir über sämtliche Sammlungen von Entitäten denken – etwas nicht stimmen. Wenn also eine Lösung wie die ZF-Mengenlehre durch Ausschaltung der paradoxen Menge R unsere grundlegende Vorstellung einer Menge nicht angemessen bewahren kann, muss die Lösung als inadäquat betrachtet werden.

Die Paradoxien, die sich ausräumen lassen, indem wir Existenz, Sinn oder Widerspruchsfreiheit ihrer Entstehungsgründe bestreiten, sind daher für gewöhnlich recht schwache Paradoxien. Wenn sich der »paradoxe Zahn« so leicht ziehen lässt, dann stellt das Paradoxon nicht unsere tiefsten, nützlichsten Überzeugungen und Begriffe infrage.

2.3 Lösungstyp 2: Der Blindgänger – Nachweis einer fehlerhaften Prämisse

Ein Paradoxon ist, so lautet eine Definition, ein Argument mit scheinbar zutreffenden Prämissen (Annahmen), einem scheinbar schlüssigen Gedankengang und einer offenkundig falschen oder widersprüchlichen Schlussfolgerung. Weil triftige Überlegungen auf Grundlage korrekter Prämissen zu einer richtigen Konklusion führen sollten, das bei Paradoxien aber gerade nicht der Fall ist, bringen sie uns dazu, die Prämissen infrage zu stellen, aus denen wir unsere Schlüsse ziehen. Eine sehr verbreitete Weise zur Lösung von Paradoxien besteht daher darin, sich eine der Prämissen herauszugreifen und nachzuweisen, dass sie falsch ist. Diese Methode steckt in vielen Lösungen von Paradoxien, ob wir diese nun als Reihen von Annahmen, Argumente, falsche Schlüsse aus richtigen Prämissen oder im Sinne irgendeiner anderen plausiblen Definition verstehen. Im Folgenden ein Beispiel.

2.3.1 Der Überraschungstest

Eines Tages kündigt die Klassenlehrerin an, dass es in der folgenden Woche an einem beliebigen Mittag einen unerwarteten Test geben wird (siehe Tabelle 4). Nach dieser Ankündigung kommt allerdings einer der Schüler zu dem Schluss, dass die Überraschungsprüfung ein Ding der Unmöglichkeit ist. Wenn der Test am Freitag stattfindet, werden alle am Donnerstagnachmittag damit rechnen, denn alle anderen Tage sind ja schon verstrichen. Freitag scheidet also aus. Wenn die Prüfung am Donnerstag stattfinden soll, so würde auch dieser Tag von den Schülern erwartet werden, da Freitag ja schon ausgeschieden ist, sodass Donnerstag als letzter möglicher Tag übriggeblieben ist. Dasselbe gilt nun aber für den Mittwoch und die anderen Tage der Woche einschließlich Montag. Montag ist die letzte verbleibende Option, aber wenn der Test am Montag stattfände, käme dies, da die anderen Tage ja bereits ausgeschieden sind, ebenfalls nicht unerwartet. Daher kann es gar keine überraschende Prüfung geben.

Nachdem er diese Überlegungen angestellt hat, bereitet sich der Schüler nicht mehr auf die Prüfung vor, und siehe da, ganz entgegen seiner Erwartung findet am Mittwochmittag der folgenden Woche ein Test statt. Wie kann das nun sein? Was stimmt am Argument des Schülers nicht?

Die Ankündigung der Lehrerin mag selbst paradox sein, da sie den Test für die folgende Woche ankündigt, wenn sie auch nicht den genauen Tag nennt. Indem sie sagt, »Sie bekommen nächste Woche einen unerwarteten Test, den ich

Weil triftige Überlegungen auf Grundlage korrekter Prämissen zu einer richtigen Konklusion führen sollten, bringen uns Paradoxien dazu, die Prämissen infrage zu stellen, aus denen wir unsere Schlüsse ziehen.

Tabelle 4 Die überraschende Prüfung

möglicher Prüfungstag	**Ausschlussgründe für den »Überraschungstermin«**
Freitag	Wäre der letztmögliche Tag für den Test, käme an diesem Termin also nicht überraschend.
Donnerstag	Da Freitag ausfällt, bleibt nur Donnerstag als letztmöglicher Tag der Prüfung. Fände die Prüfung aber Donnerstag statt, käme auch dies nicht unerwartet, da Freitag ja schon ausgeschieden ist.
Mittwoch	Da Freitag und Donnerstag nun nicht mehr berücksichtigt werden müssen, ist Mittwoch der letztmögliche Tag der Woche für den Überraschungstest. Fände er an diesem Termin statt, wäre dies allerdings nicht unerwartet, da Freitag und Donnerstag schon ausgeschieden sind.
Dienstag	Da Freitag, Donnerstag und Mittwoch nicht mehr ins Kalkül gezogen werden müssen, ist Dienstag der letztmögliche Tag der Woche für den unerwarteten Test. Käme es indes am Dienstag dazu, wäre es nicht überraschend, da Freitag, Donnerstag und Mittwoch bereits ausgeschieden sind.
Montag	Monat ist nun der einzig verbliebene Tag, um den Test abzuhalten. Weil das aber so ist, wäre Montag kein Überraschungsdatum für die Prüfung mehr.

hiermit bekanntgebe«, weckt sie ja bereits einige Erwartungen, die Prüfung kommt also nicht total unverhofft – es sei denn, Sie sind der Schüler, der zu dem Schluss kommt, dass die Prüfung überhaupt nicht stattfinden wird. Eine mögliche Lösung dieser Paradoxie besteht also darin, zu zeigen, dass der Schüler sein Argument auf eine spezifische

Interpretation des Begriffs »Überraschungstest« stützt, die darauf beharrt, dass der Tag der Prüfung zu keinem Zeitpunkt vor Abhaltung des Tests bestimmbar sein darf. Das ist eine sehr weitgehende Interpretation, wie unerwartet die Prüfung sein muss, um überraschend zu sein. Eine andere Deutungsmöglichkeit der Ankündigung ist, dass es eine Prüfung an einem Tag geben wird, der bis zur letzten Option nicht bestimmbar sein wird. Ändert man in dieser Weise die Prämisse, lässt sich der Freitag nicht mehr ausschließen noch wäre der sukzessive Ausschluss des Donnerstag, des Mittwoch und so weiter möglich. So wird hier eine Annahme, die erforderlich ist, um die Paradoxie aufzuwerfen, infrage gestellt. In ähnlicher Weise könnten wir die Ankündigung einer unerwarteten Prüfung wie folgt deuten: Es gibt nichts, was es auf Grundlage dieser Bekanntmachung den Schülern erlauben würde, den Tag der Prüfung zu erraten.

Eine gründlichere Behandlung des »Blindgängers« – also des Nachweises einer fehlerhaften Prämisse – bietet der nächste Abschnitt mit der Quine-Duhem-These, die sich in Form eines Paradoxons ausdrücken lässt. Deren Lösung mit Hilfe des Bayesschen Wahrscheinlichkeitsbegriffs ist für uns hier besonders relevant, weil dabei zur Analyse der Paradoxie eine zentrale Idee von Bayes Verwendung findet, nämlich die uns nun bereits bekannte subjektive Wahrscheinlichkeit (Grade der Überzeugung). Der folgende Abschnitt erläutert, wie Bayesianer die Idee der subjektiven Wahrscheinlichkeit gepaart mit dem Satz von Bayes bei ihrem Versuch einsetzen, um ein Kernproblem der Bestätigung wissenschaftlicher Hypothesen zu lösen.

2.3.2 Uhrmacher, Ärzte, Wissenschaftler: Der Bayessche Wahrscheinlichkeitsbegriff und das Quine-Duhem-Paradoxon

Zwei Wissenschaftsphilosophen, der Franzose Pierre Duhem und der US-Amerikaner Willard Quine, erkannten bei der hypothetisch-deduktiven Methode zur Überprüfung wissenschaftlicher Hypothesen ein Problem. Nach diesem traditionellen Modell wird eine wissenschaftliche Hypothese getestet, indem man eine beobachtbare Folge der Hypothese ableitet und dann empirisch überprüft, ob diese Folge tatsächlich eintritt. Als Formel ausgedrückt stellt sich dies – hier bei einer in dieser Weise falsifizierten Hypothese – wie folgt dar, wobei *H* für Hypothese steht, der Folgepfeil (→) für »daraus folgt« und *e* für die Evidenz, das heißt den Beweis der Hypothese:

Kästchen 9

Die hypothetisch-deduktive Methode

1. $H \rightarrow$ e
2. kein *e*
3. daher kein *H*

Nach dieser Methode wissenschaftlicher Überprüfung wird aus einer Hypothese *H* eine logische Folge *e* abgeleitet, die dann beobachtet wird. Falls sich *e* nicht bestätigt, gilt Hypothese *H* als widerlegt oder »aufgehoben«, daher der lateinische Ausdruck dafür, *Modus tollens*, das heißt Modus der Aufhebung. Hier ein Beispiel: Nehmen wir an, ich wäre Physiologin und verträte die Hypothese *H*, dass der Genuss von Kaffee Krebs auslöst. Eine logische Folge meiner Hypothese ist, dass bei Kaffeetrinkern häufiger Krebs auftritt als bei Nicht-Kaffeetrinkern, und um das herauszufinden, vergleicht man eine Gruppe von Menschen von ähnlichem Gesundheitszustand und vergleichbaren Gewohnheiten, die in Kaffeetrinker und Nicht-Kaffeetrinker aufgeteilt wird. Das *e* ist in diesem Fall der Beleg, dass die Krebsinzidenz unter den Kaffeetrinkern tatsächlich beträchtlich höher ist. Nehmen wir an, ich überprüfe die Hypothese und finde keinen signifikanten Unterschied. Nach der traditionellen hypothetisch-deduktiven Methode wissenschaftlicher Überprüfung habe ich damit den Beweis erbracht, dass die Hypothese, Kaffee verursache Krebs, falsch ist. Zeigt sich jedoch ein signifikanter Unterschied, ist damit noch nicht schlüssig bewiesen, dass die Hypothese wahr ist. Nehmen wir also an, ich führe eine solche empirische Überprüfung durch und finde einen signifikanten Unterschied. Das bewiese nur, dass die Hypothese zwar einen einzelnen Test bestanden hat, doch aus logischen Erwägungen könnte es andere Einflussgrößen geben, die zu einem höheren Krebsvorkommen bei den kaffeetrinkenden Probanden geführt haben, Faktoren, die mit dem Kaffeegenuss gar nichts zu tun haben.

Pierre Duhem kritisierte diese Methode wissenschaftlicher Überprüfung, denn der Wissenschaftler »kann nie eine isolierte Hypothese der experimentellen Kontrolle überantworten, sondern nur ganze Gruppen von Hypothesen. Wenn das Experiment den Vorhersagen widerspricht, lernt er daraus, dass mindestens eine der Hypothesen, aus denen sich diese Gruppe zusammensetzt, falsch ist und modifiziert werden muss. Aber das Experiment zeigt ihm nicht diejenige, die geändert werden muss.«[27] Wenn zum Beispiel bei der Überprüfung meiner Hypothese über Kaffee und Krebs bei den Probanden nicht der Verzehr rohen Spinats überprüft wurde, könnte sich erweisen, dass es der Konsum dieser grünblättrigen Pflanze war, der die Kaffeeabstinenzler vor Krebs schützte, nicht ihre Meidung von Kaffee.

Duhems Problem wurzelt im ersten Teil des hypothetisch-deduktiven Modells, $(H \rightarrow e)$. Es sei, so sagt er, nicht möglich, eine Hypothese von einer unbestimmten Zahl von Hilfshypothesen zu trennen. Bei unserem Kaffeebeispiel könnte eine solche Hilfshypothese sein, dass für die Test Probanden mit ähnlichem Gesundheitszustand und vergleichbarer Krankengeschichte herangezogen wurden, oder dass kein Fehler bei Zählung der Erkrankungen auftrat und so weiter. Berücksichtigen wir diese unbestimmte Menge von Hilfsprämissen (*A*1, ..., *An*), gelangen wir zu folgender Formel:

Kästchen 10

Das Quine-Duhem-Problem

1. $\{H, (A1, A2, A3, \ldots, An)\} \rightarrow e$
2. nicht e
3. nicht $\{H, (A1, A2, A3, \ldots, An)\}$

H wird hier also durch eine unbestimmte Zahl von *A*'s ersetzt, und falls Duhem recht hat, so ist alles, was die widersprüchlichen Ergebnisse offenbaren, dass eine der Hypothesen aus der Menge der Haupthypothese und Hilfshypothesen falsch ist. Was das Ergebnis nicht mehr zeigt, ist *nicht H*. In unserem Beispiel ist das Fehlen eines signifikanten Unterschieds nicht länger ein schlüssiger Grund für die Ablehnung der Hypothese, dass Kaffee Krebs verursacht.

Duhem erläuterte dieses Problem gerne, indem er den Wissenschaftler mit einem Arzt verglich und in Gegensatz zu einem Uhrmacher setzte.[28] Ein Uhrmacher kann sich bei einer kaputten Uhr jedes Bauelement einzeln anschauen und von Einzelteil zu Einzelteil gehen, bis er den Defekt aufgespürt hat. Eine Ärztin dagegen kann nicht jeden Körperteil eines Patienten isoliert untersuchen. Sie kann den Krankheitsherd nur ermitteln, indem sie die Wirkungen untersucht, die das Leiden auf den gesamten Organismus hat. In ähnlicher Weise kann der Wissenschaftler nicht jede aus der ungewissen Anzahl von Hilfsprämissen herauslösen, um sie isoliert zu überprüfen. Daraus ergibt sich jedoch eine Paradoxie, inwiefern es nämlich vernünftig ist, einer wissenschaftlichen Haupthypothese »die Schuld zu geben« statt einer ihrer Hilfshypothesen:

Kästchen 11

Das einfache Quine-Duhem-Paradoxon

1. Keine Hypothese lässt sich isoliert von einer unbestimmten Anzahl von Hilfshypothesen überprüfen.
2. Um zu zeigen, dass eine Hypothese falsch ist, ist es notwendig, diese Hypothese von der Menge der Hilfshypothesen zu isolieren.
3. Deshalb kann keine Hypothese als falsch erwiesen werden.

Die erste Prämisse der Argumentation ist die Behauptung, dass bei Überprüfung jeder Hypothese eine unbestimmte Zahl von Hilfshypothesen einzukalkulieren ist, die Erstere begleiten müssen. Als weiteres Beispiel können wir uns ein Experiment zur Überprüfung der Hypothese vorstellen, dass die Erde würfelförmig ist, indem wir den Schatten beobachten, den sie während einer Eklipse wirft (siehe Abbildung 3).

Die Hypothese lautet: Die Erde ist ein Würfel. Aus dieser Hypothese folgt die Annahme, dass die Erde einen quadratischen oder rautenförmigen Schatten wirft. Doch der Erdschatten ist eine ableitbare Folge nur insofern, als bestimmte andere Vorbedingungen erfüllt sind. Der Experimentator nimmt zum Beispiel Folgendes an: Das Licht wird nicht so beschaffen sein, dass es den Würfelschatten in Kreise verwandelt; die zur Erkennung des Schattens verwendeten Instrumente funktionieren einwandfrei, und so weiter. Die erste Prämisse impliziert, dass die Würfelhypothese, um überprüft werden zu können, von diesen und einer unbestimmten Zahl weiterer Hypothesen begleitet wird. Doch ein negatives Ergebnis des Experiments zeigt nur, dass es in der Menge der Hypothesen (*H*, *A*1, *A*2, ..., *An*) einen Fehler gibt und nicht bei *H* selbst. Es ist diese Art von Überlegung, die die zweite Prämisse des einfachen Quine-Duhem-Paradoxes fordert, nämlich dass es einen Weg geben muss, *H* von den Hilfsprämissen zu isolieren, wenn man beweisen will, dass sie falsch ist.

Die zweite Prämisse des einfachen Quine-Duhem-Paradoxons bedeutet also auch für unsere Würfelhypothese, dass diese von ihren Hilfshypothesen getrennt betrachtet werden muss, um sie als falsch zu erweisen. Nehmen wir an, das Experiment zur Hypothese einer würfelförmigen Erde wird durchgeführt und ergibt, dass der Planet kreisrund ist. In diesem Fall zeigt der runde Schatten lediglich, dass eine aus der Menge der Hypothesen, zu denen *H* und eine unbestimmte Anzahl weiterer Hypothesen zählen, fehlerhaft ist. Nicht bewiesen ist dadurch hingegen, dass *H* selbst falsch ist. Die Konklusion der einfachen Form der

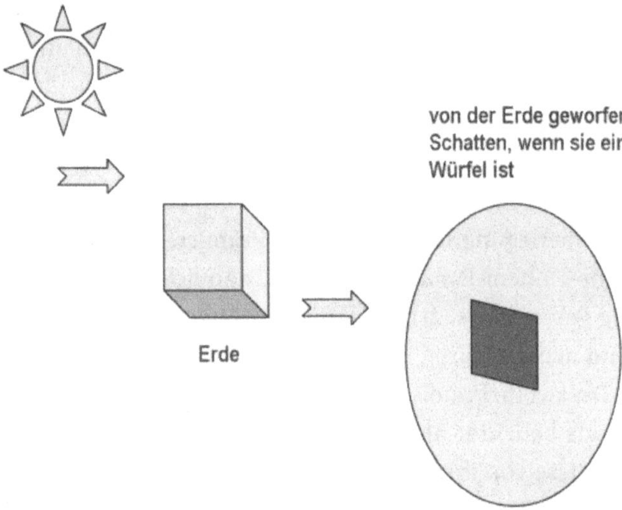

Abbildung 3: Beispielhypothese und Folgebeziehung

Paradoxie ist, dass sich keine Hypothese als falsch erweisen lässt. Auch im Fall der Würfelhypothese lässt sich danach nicht zeigen, dass diese falsch ist.

Die Quine-Duhem-These, als Paradox formuliert, ist eigentlich ein Sonderfall einer skeptischen Paradoxie, die sich generell so formulieren lässt: Die unerhört strenge Vorbedingung meines Wissens *p* ist unerfüllbar, daher kann ich *p* nicht wissen. Nehmen wir als Beispiel meine private Version der Traumhypothese: Ich kann nur wissen, dass ich gerade in New York bin, wenn ich mir sicher bin, dass ich nicht träume. Weil ich mir aber nicht völlig sicher sein kann, dass ich nicht träume – ich könnte beim Schreiben ja eingenickt sein –, kann ich nicht wissen, dass ich gerade in New York bin. Beim Quine-Duhem-Paradoxon hat die Menge der Hilfshypothesen dieselbe Funktion wie die Vorbedingung in einem skeptischen Paradoxon: Weil sie nicht ausgeschlossen werden können, halten sie uns davon ab, die Hypothese auf Stichhaltigkeit zu prüfen. Die Schlussfolgerung von skeptischen Paradoxien ist, dass wir einige offenkundige Hypothesen nicht verifizieren können (wir können *H* nicht beweisen), während für das Quine-Duhem-Paradoxon die Konklusion darin besteht, dass sich keine Hypothese als falsch erweisen lässt (wir können *nicht H* nicht beweisen).

Einige Philosophen glauben, eine Lösung für das Quine-Duhem-Problem gefunden zu haben. Sie sind als Bayesianer bekannt, nach dem englischen Mathematiker Thomas Bayes (1702–1761). Den Bayesianern zufolge lässt sich eine Antwort auf das Quine-Duhem-Problem geben, wenn man die hypothetisch-deduktive Methode der wissenschaftlichen Überprüfung durch ein anderes Modell ersetzt. Nach dem bayesianischen Modell bestätigt der Beweis *e* die Hypothese *H in dem Maße*, wie der *Überzeugungsgrad* eines Wissenschaftlers in *H* angesichts des Beweises *e* höher ist als ohne diesen Beweis. Wie in Kapitel 1 erörtert, ist die subjektive Wahrscheinlichkeit ein Maß für den subjektiven Grad der Überzeugung eines Urteilenden, mit Werten, die von 0 für völligen Unglauben bis hin zu 1 für völlige Gewissheit reichen. Der Grad der Überzeugung eines Wissenschaftlers in eine Hypothese vor dem Beweis wird A-priori-Wahrscheinlichkeit genannt, der Überzeugungsgrad nach erbrachtem Beweis A-posteriori-Wahrscheinlichkeit. Wenn also die A-posteriori-Wahrscheinlichkeit von *H* größer ist als die A-priori-Wahrscheinlichkeit von *H*, ist das Ausmaß, in dem *H* bestätigt ist, der Unterschied zwischen der A-priori-Wahrscheinlichkeit und der A-posteriori-Wahrscheinlichkeit. Zur Berechnung der A-posteriori-Wahrscheinlichkeit von *H* nutzen Bayesianer eine Form des Bayesschen Satzes:

Kästchen 12

Satz von Bayes

$$P(H \mid e) = \frac{(P(e \mid H)\, P\,(H)}{(P(e \mid H)\, P\,(H) + P(e \mid \text{nicht } H)\, P(\text{nicht } H)}$$

Diese Formel liest sich so: Die Wahrscheinlichkeit von *H*, gegeben *e*, ist gleich der Wahrscheinlichkeit von *e* gegeben *H* multipliziert mit der Wahrscheinlichkeit von *H* geteilt durch die Wahrscheinlichkeit von *e* gegeben *H* mal die Wahrscheinlichkeit von *H* plus die Wahrscheinlichkeit von *e* gegeben *nicht H* mal die Wahrscheinlichkeit von *nicht H*. Die Wahrscheinlichkeit einer wissenschaftlichen Hypothese wird hier im Licht eines neuen Beweises also wie folgt bestimmt: Man nehme die Wahrscheinlichkeit, dass der Beweis erbracht werden kann, sofern die Hypothese wahr ist (zum Beispiel die Wahrscheinlichkeit, dass die Erde, gegeben sie ist ein Würfel, einen quadratischen Schatten wirft), multipliziere dies mit der Wahrscheinlichkeit der Hypothese allein (das heißt der Wahrscheinlichkeit, dass die Erde ein Würfel ist, für sich genommen). Dann teile man diese Zahl durch sich selbst plus die Wahrscheinlichkeit, dass der Beweis erbracht wird, falls die Hypothese nicht zutrifft (beispielsweise ein quadratischer Schatten, obwohl die Erde kein Kubus ist), multipliziert mit der Wahrscheinlichkeit, dass die Hypothese falsch ist (zum Beispiel, dass die Erde kein Würfel ist).

Bestimmte Faktoren müssen vor dieser Berechnung und der »Schuldzuweisung« bekannt sein: 1.) die A-priori-Wahrscheinlichkeit von *H* und *nicht H*; 2.) die Wahrscheinlichkeit, das heißt $P(e \mid H)$; und 3.) der sogenannte Bayessche Sammelfaktor, das heißt $P(e \mid \text{nicht } H)$, will sagen die Wahrscheinlichkeit des Beweises im Fall einer falschen Hypothese. Sobald man diese Werte hat, fügt man sie einfach in den Satz von Bayes ein, um die A-posteriori-Wahrscheinlichkeit zu erhalten, die aussagt, wie gut der Beweis die Hypothese bestätigt.

Hier ein Beispiel: Angenommen, es wird ein Experiment durchgeführt, dessen Ergebnis der betreffenden Hypothese widerspricht. Eine Reaktion auf dieses negative Ergebnis wäre, die Hypothese zurückzuweisen, denken wir etwa an das Beispiel des kanzerogenen Kaffees. Eine andere Reaktion wäre, sich die Hilfsprämissen anzuschauen. Nehmen wir der Einfachheit halber an, dass es nur eine Hilfsprämisse gibt, nämlich dass die Probanden der Studien einen vergleichbaren Gesundheitszustand haben. In diesem Fall ist die Haupthypothese *H*, dass Kaffee Krebs verursacht, und die Hilfshypothese *A*, dass eine Überprüfung der Hypothese mit Probanden vorgenommen wird, die einen vergleichbaren Gesundheitszustand aufweisen. Bei diesem vereinfachten Beispiel sollte aus Hypothese *H* und Hilfshypothese *A* der Beweis *e* folgen, doch tatsächlich wird *nicht e* beobachtet. Das Bayessche Kalkül zeigt, wann *A* wahrscheinlicher dafür verantwortlich ist als *H* und umgekehrt. Nehmen wir an, es gibt viele Anzeichen für *H* und kaum mehr Belege für die Richtigkeit von *A* als für die Falschheit von *A*. Vielleicht wurden bei unserem Beispiel die Gewohnheiten der Probanden nicht gründlich überprüft, daher ist es möglich, dass die Kaffeetrinker auch rauchen, die Nicht-Kaffeetrinker dagegen nicht. In dieser Situation ist es wahrscheinlicher, dass das Problem bei *A* zu suchen ist statt bei *H*. Bayesianer lösen diese Art von Problemen, indem sie in die Bayessche Formel Werte eingeben. Erstens geben sie *A* eine niedrigere A-priori-Wahrscheinlichkeit als *H*. Wenn *A* zum Beispiel nur geringfügig wahrscheinlicher wäre als *nicht A*, hätte es eine A-priori-Wahrscheinlichkeit von um die 0,6. *H* andererseits hätte eine sehr hohe Wahrscheinlichkeit, sagen wir 0,9. Zweitens geben Bayesianer dem Eintreten eines negativen Ergebnisses eine weit höhere Wahrscheinlichkeit, wenn *nicht A* der Fall ist, als *nicht H*. Zum Beispiel: *P*(nicht *e* | *a*) = *x*, und *P*(nicht *e* | nicht *a* und *H*) = 50*x* und *P*(nicht *e* | nicht *a* und nicht *H*) = 50*x*. Ich erspare uns hier die Berechnung im Einzelnen.[29] Nach Einsetzung dieser Werte in den Satz von Bayes ergibt sich, dass sich die Wahrscheinlichkeit von *H* nur leicht vermindert, von 0,9 auf 0,897, während die Wahrscheinlichkeit von *A* von 0,6 auf 0,003 abstürzt. Angesichts der A-priori-Wahrscheinlichkeiten und der Wahrscheinlichkeit, das Resultat *nicht e* zu erhalten, wenn entweder *A* oder *H* nicht zutreffen, folgt also, dass der Wissenschaftler gute Gründe hat, *A* zu verwerfen und an *H* festzuhalten.

Kurz, indem sie die subjektiven Grade der Überzeugung von Wissenschaftlern analysieren und diese Wahrscheinlichkeiten als Zahlenwerte in den Satz von Bayes einspeisen, geben sich die Bayesianer alle Mühe, zu begründen, wann die Zurückweisung der Haupthypothese gerechtfertigt ist und wann stattdessen eine Hilfsprämisse abgelehnt werden muss. Sie lösen das Quine-Duhem-Paradox, indem sie dessen zweite Prämisse – dass es notwendig sei, eine Hypothese von ihren Hilfshypothesen zu isolieren, um sie als falsch zu erweisen – ablehnen. Solange wir die A-priori-

Überzeugungen kennen, die in die Hilfsprämissen eingehen, können wir, so glauben sie, bestimmen, ob sie zurückgewiesen werden sollten.

Obwohl das in der theoretischen Statistik eine übliche Auffassung zu Duhem-Problemen widerspiegelt, birgt die Bayessche Lösung gewisse Fallstricke. Der wichtigste Einwand lautet, dass sich die Bayesianer auf den A-priori-Überzeugungsgrad des Wissenschaftlers bei seiner oder ihrer Hypothese stützen, bevor diese überprüft wird. Selbst wenn Wissenschaftler solche A-priori-Überzeugung haben und sich diese quantifizieren lassen, erscheint es nicht wünschenswert, A-priori-Überzeugungen als einen zentralen Bestandteil wissenschaftlicher Argumentation zu behandeln. Solche subjektiven Überzeugungen sind hochgradig variabel, ändern sich nicht nur von Mensch zu Mensch, sondern auch bei derselben Person von einem Augenblick zum nächsten. Es gibt einige Überzeugungen, denen alle rationalen Menschen den Wert 0 geben würden, wie etwa einem offenkundigen Widerspruch. Die meisten Überzeugungen sind jedoch nicht so beschaffen. Wenn die Überzeugung eines Wissenschaftlers zum Beispiel auch nur leicht während eines Tages schwankt, wird sich die Rechtfertigung für die Annahme oder Ablehnung einer Hypothese ändern. Etwas scheint an dieser subjektivistischen Lösung nicht zu stimmen. Das Problem liegt, wie ich vermute, in der Verschmelzung der Zuversicht eines Wissenschaftlers in seine oder ihre Hypothese mit dem Beweis von deren Richtigkeit. So fragt denn auch Deborah Mayo in einer Kritik des Bayesschen Ansatzes, was eigentlich »Überzeugung damit zu tun hat«:

> Es gelingt Wissenschaftlern nicht, die Behauptung zu rechtfertigen, dass eine Anomalie nicht auf *H* beruhe, sondern auf einer Hilfshypothese, indem sie den Grad ihrer Überzeugung beschreiben, dass ihnen ein solcher Nachweis gelingen könnte. Im Gegenteil, Wissenschaftler sind sich einig in ihrer Ablehnung eines Erklärungsversuchs für eine Anomalie, solange und falls es keinen eigenständigen positiven Beweis dafür gibt. Und was sie dabei zu zeigen hätten, wäre, dass dieser Beweis erfolgreich die vielen Möglichkeiten irrtümlicher Fehlerzuweisungen umgeht.[30]

Was Mayo den Bayesianern hier also vorwirft, ist mangelnde wissenschaftliche Strenge bei der Lösung solcher Probleme. Um zu bestimmen, wann eine Haupthypothese oder eine Hilfshypothese aufgrund einer Anomalie zurückzuweisen ist, bedarf es mehr als der subjektiven Überzeugungsgrade des Wissenschaftlers vor Durchführung des Experiments. Erforderlich ist dafür vielmehr ein Beweis, dass die Hilfshypothese die fehlerhafte Annahme ist, und eine Erklärung, warum dieser Beweis nicht irrtümlich zum Nachweis verwendet wird, dass die Schuld bei der Hilfshypothese zu suchen ist.

Der Rekurs auf die subjektive Wahrscheinlichkeit ist, wie ich meine, bei der Lösung des Quine-Duhem-Problems weniger gerechtfertigt als bei der Analyse von Paradoxien, aus dem einfachen Grund, weil es bei Letzteren wesentlich um unsere Überzeugungen geht und wie diese heftig miteinander in Konflikt geraten.

2.3.3 Zenons Paradoxien und das Konzept konvergenter Reihen

Ein weiteres Beispiel für die »Blindgänger«-Lösung, die ein Element einer Paradoxie als falsch oder hohl erweist, liefert die moderne Mathematik mit der Idee der *konvergenten geometrischen Reihe*, mit der viele von Zenons Paradoxien üblicherweise gelöst werden. Zenons Paradoxie, auf die wir unten noch ausführlicher zurückkommen werden, stellen mit Vorliebe unsere üblichen Vorstellungen von Raum, Zeit und Bewegung infrage. Bei der Rennbahn-Paradoxie zum Beispiel, auch Teilungsparadoxie oder Dichotomie (Zweiteilung) genannt, argumentiert Zenon, dass sich nichts und niemand von einem Punkt A zu einem Punkt B bewegen kann, da dafür zunächst die Hälfte der Strecke zurücklegt werden müsste, und um zu diesem Punkt zu gelangen, die Hälfte der Hälfte der Strecke, und so ad infinitum. Weil sich aber in einer endlichen Zeitspanne nicht unendlich viele Wege zurücklegen lassen, kann niemand von A nach B gelangen.

Zur Lösung der Paradoxie benutzt die moderne Mathematik den Begriff der unendlich konvergenten geometrischen Reihe oder Folge. Eine geometrische Reihe ist eine Serie mit konstantem Verhältnis zwischen aufeinanderfolgenden Termen. Bei der Zahlenfolge 16, 8, 4, 2 … zum Beispiel erhält man die jeweils nächste Zahl durch Multiplikation der vorangehenden mit ½. Die Multiplikation einer jeden Zahl mit ½ zur Erzeugung des folgenden Terms bedeutet, dass die Reihe eine konstanten Quotienten von ½ hat. Man beachte, dass wir durch die Auslassungspunkte, die Ellipse, angezeigt haben, dass die Reihe unendlich ist. Aber ist die Summe dieser Zahlenfolge endlich? Man würde meinen, da die Reihe ja aus einer unendlichen Zahl von Termen besteht, dass bei ihrer Addierung tatsächlich eine unendliche Summe herauskäme. Doch das ist nicht der Fall.

Betrachten wir die Folge ½, ¼, ⅛, ... Die Summe dieser Reihe wird keine unendliche Zahl ergeben, sondern 1. Um zu sehen, warum das so ist, ist es hilfreich, das Konzept der konvergenten Reihe einzuführen. Eine konvergente Reihe hat einen konstanten Quotienten von kleiner als 1 aber größer als –1. In diesem Fall nähern sich die Terme dieser Folge immer mehr dem Grenzwert 0 an. Die Reihe ½, ¼, ⅛, ... hat einen Quotienten von ½, das heißt das Verhältnis ist konstant. Die nächste Zahl der Folge ist 1/16, gefolgt von 1/32 und so weiter. Man beachte, wie die Brüche immer kleiner werden. Aber wird diese Reihe jemals 0 erreichen? Nein. Die Zahlen werden weiterhin um die Hälfte schrumpfen, doch die Hälfte einer positiven Zahl ist immer noch größer als 0. Da es sich um eine konvergente Reihe handelt, ist ihre Summe endlich, nicht unendlich. Nehmen wir zur Veranschaulichung eine Reihe *S*, zum Beispiel *S* = ½, ¼, ⅛, ... Ihr Quotient ist ½. Multipliziert man damit die Reihe, erhält man ½*S* = ¼, ⅛, ⅛, 1/16, ... Der einzige Unterschied zur ersten Reihe ist, dass hier der erste Term der Folge (½) fehlt. Wenn wir die neue Reihe von der alten subtrahieren, erhalten wir genau die gleiche Reihe minus den ersten Term. Wir gelangen damit zu der Gleichung $S - \frac{1}{2}S = \frac{1}{2}$, und wenn wir diese nach S auflösen, erhalten wir $S = 1$. Daher ist die Summe der Reihe in Zenons Rennbahn gleich 1. Doch die Annahme der Paradoxie war ja, dass eine Strecke unmöglich unendlich geteilt werden könne, ohne dass diese selbst unendlich wäre. Nach unserer Lösung ist das aber tatsächlich möglich. Folglich erhält Zenons Paradoxie mit Hilfe der konvergenten Reihe eine Lösung des Typs »Blindgänger«. Die Prämisse, die behauptet, man könne keine unendlich teilbare Strecke zurücklegen, da man sonst eine unendliche Zahl kleiner und immer kleinerer Wegstrecken zurücklegen müsste, ist falsch.

2.3.4 Der Lösungstyp »Blindgänger« auf dem Prüfstand

Die Gemeinsamkeit der oben erörterten Lösungsvorschläge für den Überraschungstest, das Quine-Duhem-Paradox und Zenons Rennbahn besteht darin, dass sie sich jeweils eine Annahme der Paradoxie herausgreifen und infrage stellen. Jede Lösung liefert Gründe, um die subjektive Wahrscheinlichkeit des betreffenden Teils der Paradoxie zu senken. Im Fall der Überraschungsprüfung geraten wir ins Grübeln, was »unerwartete Prüfung« eigentlich genau bedeutet, und gelangen zu dem Schluss, dass die Lehrerin damit nicht gemeint haben kann, der Test sei am Freitag nicht zu erwarten. Mit einer anders formulierten Annahme, dass die Lehrerin meinte, der Prüfungstag sei nicht mehr nach Verstreichen der donnerstäglichen Prüfungszeit zu erwarten, lässt sich die Paradoxie leichter auflösen. In ähnlicher Weise erwies sich die bayesianische Behandlung des Quine-Duhem-Paradoxes – das sich keine Hypothese isoliert von den anderen überprüfen lasse – als abwegig. Und zur Lösung von Zenons Rennbahn-Paradoxie war es erforderlich, unsere intuitive Annahme zu hinterfragen, dass eine unendliche Reihe keine endliche Summe ergeben kann. Alle drei Lösungen versuchen uns dazu zu bewegen, eine der Annahmen einer Paradoxie abzulehnen. Aus der Perspektive der subjektiven Wahrscheinlichkeit formuliert: Wo wir zuvor an die Richtigkeit einer Annahme glaubten, soll der Grad unserer Überzeugung in sie nun erheblich sinken.

Als allgemeine Strategie zur Lösung von Paradoxien ist der »Blindgänger«-Ansatz in dem Maße erfolgreich, wie es ihm tatsächlich gelingt, die subjektive Wahrscheinlichkeit einer Annahme der Paradoxie zu senken. Wie wir bei der bayesianischen Lösung des Quine-Duhem-Paradoxes sahen, führt die Senkung der subjektiven Wahrscheinlichkeit einer Annahme allerdings häufig zu weiteren Annahmen, die selbst von geringer subjektiver Wahrscheinlichkeit, weil unplausibel sind. Selbst zur Lösung von Zenons Paradoxie war es nötig, unsere intuitive Vorstellung von Raum und den Konsequenzen unendlicher Teilbarkeit zu überdenken. Insgesamt wird der Erfolg der Blindgänger-Lösung durch weitere Annahmen mit geringer subjektiver Wahrscheinlichkeit nicht selten konterkariert.

2.4 Lösungstyp 3: Auf dem Holzweg – die Gültigkeit des Gedankengangs bestreiten

Der dritte Lösungstyp erkennt zwar die Prämissen der Paradoxie an, behauptet jedoch, dass der zur Schlussfolgerung führende Gedankengang in Wirklichkeit ein Holzweg ist. Während der Lösungstyp »Blindgänger« auf eine fehlerhafte Annahme verweist, räumt dieser Ansatz die Gültigkeit der Prämissen zwar ein, erkennt das Problem aber darin, dass aus ihnen eine offenkundig falsche Schlussfolgerung abgeleitet wird, er richtet sich also gegen die der Paradoxie zugrunde liegende Argumentation. Ein Beispiel für diese Strategie ist die kontextualistische Auflösung einer skeptischen Paradoxie:

Kästchen 13

Eine skeptische Paradoxie (Traumhypothese)

1. Ich weiß nur dann sicher, dass ich in New York bin, wenn ich wissen kann, dass ich nicht träume.
2. Ich kann nicht wissen, ob ich träume.
3. Deshalb kann ich mir nicht sicher sein, dass ich in New York bin.

Eine kontextualistische Lösung dieses paradoxen Arguments verweist auf die Mehrdeutigkeit des Wortes »wissen«.[31] Was man wissen kann, ändert sich von Kontext zu Kontext, sagen die Kontextualisten. Im gewöhnlichen Sinn zu wissen, dass man in New York ist, erfordert weit weniger stringente Kriterien als ein Wissen, das auf absoluter Gewissheit beruht. Daher bedeute *wissen* in der ersten Prämisse etwas anderes als *wissen* im zweiten Sinn. Das Argument der skeptischen Paradoxie ist den Kontextualisten zufolge also nicht gültig. Auf den ersten Blick sieht es zwar so aus, als nehme der Gedankengang die oben erwähnte Form einer gültigen Argumentation an, tatsächlich handle es sich bei der skeptischen Paradoxie jedoch um die ungültige Form, bei der ein zusätzlicher Term eingeführt werden muss, weil sich *P* auf eine spezifische Form des Wissens bezieht, ein Allerweltswissen mit niedriger Beweisschwelle, *R* dagegen auf einen anderen Typus von Wissen – nämlich das Wissen, dass ich mich nicht radikal täusche, was ein erhebliches Maß an Beweisen erfordert. Weil eine Argumentation dieser Form ungültig ist, behaupten die Kontextualisten, löse sich die Paradoxie auf:

Kästchen 14

Ungültige Argumentationsform

1. *P* nur wenn *Q*
2. nicht *R*
3. daher nicht *P*

2.4.1 Holzweg, systematisch bewiesen: Knackt Fuzzylogik das Haufenparadoxon?

Wie viele mehrwertige Logiken fügt die »Logik der Unschärfe«, die sogenannte Fuzzylogik, der traditionellen zweiwertigen Logik und Semantik weitere Werte hinzu. Nach der klassischen Logik und Semantik ist ein Begriff eine Funktion von Objekten der Menge {0, 1}, wobei »0« falsch und »1« wahr repräsentiert. Jedes Objekt wird durch einen Begriff also entweder als wahr oder falsch abgebildet. Im Fall des Wortes »rund« zum Beispiel bildet der Begriff einen Fußball als wahr und die meisten Computer als falsch ab. Nach der Fuzzylogik dagegen ist ein Begriff eine Funktion von Objekten, die Werte in dem Einheitsintervall [0, 1] annimmt, wobei »0« für falsch und »1« führ wahr steht. Somit kann hier ein Objekt zum Beispiel zu 0,7 rund sein, statt komplett rund oder überhaupt nicht rund (eine längliche Wassermelone zum Beispiel könnte zwischen völlige Rundheit und völlige Nicht-Rundheit fallen).

Kenton Machina, der das unendlichwertige System Ł$_{\aleph}$ des polnischen Mathematikers und Logikers Jan Łukasiewiczs benutzt, gibt die Wahrheitsbedingungen für Grade der Wahrheit wie in Tabelle 5 dargestellt an.[32] Dort besagt die erste Regel, dass sich der Wahrheitswert der Negation einer Aussage bestimmt, indem man ihren Wert von 1 subtrahiert. Wenn eine Aussage zum Beispiel 0,70 wahr ist, dann ist ihre Negation 0,30 wahr. Die Aussage »Dieses Glas ist halb voll« ist 0,50 wahr, wenn das Glas halb gefüllt ist; die Aussage »Dieses Glas ist halb leer« ist ebenfalls 0,50 wahr, wenn das Glas halb gefüllt ist.

Tabelle 5 Unscharfe Wahrheitsbedingungen

sei /*P*/ der Wert von *P*

1. /–*P*/ = 1 – /*P*/
2. /*P* & *Q*/ = Min(/*P*/, /*Q*/)
3. /*P* ∨ *Q*/ = Max(/*P*/, /*Q*/)
4. /*P*(→*Q*/ = 1 wenn /*Q*/ > /*P*/; oder = 1 – /*P*/ + /*Q*/ wenn /*P*/ > /*Q*/
5. /(∀*x*)*A*(*x*)/ = die größte untere Schranke für die Werte /*A*(*t*)/ für jeden Term *t*
6. /(∃*x*)*A*(*x*)/ = die kleinste obere Schranke für die Werte /*A*(*t*)/ für jeden Term *t*

Die zweite Regel besagt, dass der Wahrheitswert einer Konjunktion bestimmt wird durch den Minimalwert ihrer beiden Teilaussagen. Betrachten wir die Konjunktion (*A* & *B*), wobei *A* einen Wahrheitswert von 0,55 und *B* von 0,65 hat. Die Konjunktion ist zu 0,55 wahr, weil dies der geringere Wahrheitswert von beiden ist.[33] Die dritte Regel besagt, dass der Wahrheitswert einer Disjunktion bestimmt wird, indem man den maximalen Wert ihrer beiden Elemente wählt. Nehmen wir die Disjunktion (*A* ∨ *B*), das heißt (*A* oder *B*), wobei *A* zu 0,55 wahr und zu *B* 0,65 wahr ist, so beträgt der Wahrheitswert dieser Disjunktion 0,65, da dies der höhere Wert von beiden ist. Es ergibt Sinn, dass der kombinierte Wahrheitswert von Konjunktionen (Teile einer Und-Aussage) der niedrigere der beiden Elemente ist, da für Konjunktionen ein strengeres Erfordernis besteht, dass beide Teilaussagen wahr sind. Ebenso sinnvoll ist es, dass als Wahrheitswert einer Disjunktion (einer Oder-Aussage) der höhere Wert von beiden gewählt wird.

Die Wahrheitsbedingungen von materialen Implikationen oder Konditionalen (Aussagen nach der Formel *Wenn P, dann Q*) sind wichtig für unsere Erörterung, weil die induktive Prämisse eine Implikation ist. Nach der vierten Regel in der Tabelle ist eine Implikation vollständig wahr (hat also einen Wahrheitswert von 1), wenn das Konsequens oder der Folgesatz (*Q*) einen höheren Wahrheitsgrad hat als das Antezedens oder der Vordersatz (*P*). Hat andererseits der Vordersatz einen höheren Wert als der Folgesatz, wird der Wahrheitswert der Implikation durch Subtraktion des Werts des Vordersatzes von 1 und Addition des Resultats zum Wert des Folgesatzes bestimmt. Ist der Wert des Vordersatzes also höher als der des Folgesatzes, ist eine Implikation in dem Grad wahr, in dem ihre erste Teilaussage falsch *und* ihre zweite Teilaussage wahr ist. Wenn zum Beispiel *P* einen Wahrheitswert von 0,60 und *Q* einen Wert von 0,20 hat, dann ist der Wahrheitswert von $(P \rightarrow Q)$ gleich $(1 - 0{,}60) + 0{,}20$ oder 0,60.

Während in der klassischen Aussagelogik eine materiale Implikation $(P \rightarrow Q)$ in eine Disjunktion mit Negation des Vordersatzes und Affirmation des Folgesatzes übersetzt werden kann $(\sim P \vee Q)$, ist dies in der Fuzzylogik nicht möglich. Um zu sehen, warum Implikationen in der unscharfen Logik nicht in Disjunktionen übersetzbar sind, betrachten wir eine Implikation $(P \rightarrow P)$, wobei der Wert von *P* mit ½ angegeben sei. Wäre die Übersetzung von Implikationen in Disjunktionen hier möglich, so betrüge der Wahrheitswert dieser Implikation $(\sim P \vee Q)$, der aus dem Maximalwert der beiden Teilsätze gebildet wird, ½. Doch diese Implikation muss ja völlig wahr sein, weil *P* aus *P* folgen *muss*, denn beide *P*'s haben notwendigerweise ein und denselben Wahrheitswert. Nach dieser Art der Fuzzylogik hat die Implikation ($P \rightarrow P$) den Wahrheitswert $1 - /P/ + /P/$, das heißt $(1 - ½) + ½$, oder 1, sie ist also vollständig wahr.

Was die letzten beiden unscharfen Wahrheitsbedingungen betrifft, so legt Regel 5 der Tabelle fest, dass bei einer Verallgemeinerung wie »Alle Menschen sind sterblich« der Wahrheitswert von der unteren Schranke der Menge der Sätze bestimmt wird, welche die Form »A ist ein Mensch und A ist sterblich« annehmen. Die untere Schranke ist der Wert, der bezüglich aller Elemente der Menge niedriger oder gleich ist. Die obere Schranke ist der Wert, der bezüglich jedes Elements der Menge größer oder gleich ist. Also legt Regel 6 fest, dass bei Sätzen wie »Es gibt einen Menschen, der sterblich ist« der Wert dieser Aussage bezüglich aller übrigen Elemente der Menge von Sätzen mit der Form »A ist ein Mensch und A ist sterblich« der höchste oder gleich hohe Wert ist. Einfach ausgedrückt, ist bei Regel 5 der niedrigste Wert für jedes *s ist P* derjenige, der für die gesamte Verallgemeinerung steht, da Verallgemeinerungen (*Alle s sind P*) in dem Maß wahr sind, wie jedes *s* gleich *P* ist. Das ergibt Sinn, denn um eine Behauptung wie »Alle Menschen sind sterblich« abzulehnen, müsste man ein Gegenbeispiel anführen, also einen Menschen, der nicht sterblich ist. Die Wahrheit der Verallgemeinerung wird so durch den Wert eines Gegenbeispiels gesenkt. Und nach Regel 6 nimmt man den höchsten Wert von Aussagen der Form »A ist ein Mensch und A ist sterblich«, weil alles, was man braucht, um den Satz zu beweisen »Es gibt einen Menschen und dieser Mensch ist sterblich«, der Nachweis ist, dass es einen solchen Menschen gibt.

Nach der Fuzzylogik beginnt die Haufenparadoxie mit einer vollständig wahren Aussage als erster Prämisse – zum Beispiel, dass jemand mit 0 Haaren kahlköpfig ist. Dann, über eine Reihe von Prämissen in der Form »Wenn ein Mensch mit *n* Haaren kahlköpfig ist, dann ist ein Mensch mit (*n* + 1) Haaren ebenfalls kahlköpfig«, wird eine vollständig falsche Schlussfolgerung gezogen. Die mittleren Prämissen in dieser langen Reihe von Vordersätzen (»Ein Mensch mit *n* Haaren ist kahlköpfig«) sind nur ganz geringfügig wahrer als ihre Folgesätze (»Ein Mensch mit [*n* + 1] Haaren ist kahlköpfig«). Betrachten wir zum Beispiel den folgenden Schritt:

Kästchen 15

Ein Schritt in der Haufenparadoxie

1. Ein Mensch mit 0 Haaren auf dem Kopf ist kahlköpfig.
2. Wenn ein Mensch mit 0 Haaren kahlköpfig ist, dann ist ein Mensch mit (0 + 1) Haaren ebenfalls kahlköpfig.
3. Ein Mensch mit 1 Haar auf dem Kopf ist kahlköpfig.

Die Schlussfolgerung dieses Arguments kann dann zur ersten Prämisse eines weiteren Arguments werden, die sich derselben Form wie der mittleren Prämisse bedient: »Wenn ein Mensch mit 1 Haar kahlköpfig ist, dann ist ein Mensch mit (1 + 1) Haaren auf dem Kopf ebenfalls kahlköpfig«, was zu der Konklusion führt: »Ein Mensch mit 2 Haaren auf dem Kopf ist kahlköpfig.« Und so weiter, bis wir zu der Schlussfolgerung gelangen: »Ein Mensch mit 1 000 000 Haaren ist kahlköpfig.«

Weil ein Mensch ohne ein Haar auf dem Kopf kahlköpfiger ist als ein Mensch mit einem Haar, ist der Vordersatz der Prämisse in der Form »Wenn ein Mensch mit *n* Haaren auf dem Kopf kahlköpfig ist, dann ist ein Mensch mit (*n* + 1) Haaren auf dem Kopf ebenfalls kahlköpfig«, wahrer als sein Folgesatz. Man könnte daraus schließen, dass Prämissen, die diese Form annehmen, vollständig falsch sind, weil ihre Folgesätze nicht so wahr sind wie ihre Vordersätze und weil der Folgesatz einer wahren Implikation mindestens so wahr sein sollte wie ihr Vordersatz.

Fuzzylogiker beschäftigen sich jedoch weniger mit der Bewahrung vollkommener Wahrheit als mit der Wahrung von Wahrheitsgraden. Nach der klassischen Logik kann eine »Wenn, dann«-Aussage ($P \rightarrow Q$) nur dann falsch sein, wenn das Antezedens (P) wahr ist und das Konsequens (Q) falsch. In der Fuzzylogik wird diese Festlegung geändert, um Grade der Wahrheit berücksichtigen zu können. Im Fall der eben erörterten zweiten Prämisse ist der Vordersatz vollständig wahr (1). Der Wahrheitswert des Folgesatzes ist nahezu vollständig wahr, sodass die zweite Prämisse einen Wahrheitswert der Negation des Antezedens (0) + dem Wert des Konsequens hat, der nahezu 1 beträgt. Während die Zahl *n* größer wird, wird der Vordersatz unwahrer und folglich seine Negation wahrer; folglich wird der Folgesatz unwahrer.

Die Schlussfolgerung des vorangehenden Arguments ist nicht so wahr wie die erste Prämisse. Mit fortschreitender Bildung weiterer Argumente mit Schlussfolgerungen, die jeweils als Prämisse der nächsten dienen, werden die Konklusionen dieser neuen Argumente immer weniger wahr als ihre ersten Prämissen und noch weniger wahr als die erste Prämisse des ersten Arguments. Nach einer Reihe solcher Argumente werden die Schlussfolgerungen beinahe vollständig falsch sein. Wie Timothy Williamson bemerkt: »Ein geringer Grad von Falschheit bei den Prämissen [der Haufenparadoxie] erzeugt ein hohes Maß an Falschheit ihrer Konklusion.«[34]

Wenn Validität die Bewahrung perfekter Wahrheit ist, dann ist das Argument gültig. Wenn die induktive Prämisse und die ursprüngliche Prämisse wahr sind, dann muss die Schlussfolgerung wahr sein. Wenn Validität andererseits die Bewahrung von Graden der Wahrheit ist, dann könnte das Argument als ungültig betrachtet werden, weil der Grad der Wahrheit einer Prämisse größer ist als der Grad der Wahrheit der Konklusion.

2.4.2 Wo Fuzzylogiker Schwierigkeiten haben

Stellen Sie sich einen rötlich-orangefarbene Fleck vor, der genau auf der Grenze zwischen Rot und Orange liegt, also halb rot, halb orange erscheint. Wenn jemand sagt: »Dieser Fleck ist rot«, so ist diese Aussage zu 0,5 wahr, und die Aussage »Dieser Fleck ist nicht rot« ist ebenfalls 0,5 wahr. Das leuchtet intuitiv ein, denn ein Fleck, der halb rot ist, aber nicht völlig rot, wäre offenbar auch mit Recht »halb-nicht-rot« zu nennen. Allerdings wirft die Aussage »Dieser Fleck ist rot und dieser Fleck ist nicht rot« eine Frage auf. Nach fuzzylogischer Sicht hat die Aussage dieser Konjunktion einen Wahrheitswert von 0,5, weil der Wahrheitswert einer Konjunktion sich nach der Teilaussage mit dem geringsten Wert richtet (siehe Tabelle 5). Doch dieser Wahrheitswert ist kontraintuitiv: Eine solche Konjunktion erscheint völlig falsch, weil sie sowohl eine Aussage wie deren Negation enthält. Zu behaupten, dass diese Konjunktion nicht vollständig falsch sei, bedeutet, das Gesetz der Widerspruchsfreiheit aufzugeben, wonach Aussagen und ihre Negationen nicht gleichzeitig wahr sein können. Darüber hinaus hätte nach der Fuzzylogik die Disjunktion »Dieser Fleck ist rot oder dieser Fleck ist nicht rot« ebenfalls einen Wahrheitswert von 0,5, weil sich der Wahrheitswert einer Disjunktion wie *P oder Q* nach derjenigen seiner Teilaussagen mit dem höchsten Wert bemisst, hier *P* oder *Q* (siehe Tabelle 5). Der Wahrheitswert dieser Disjunktion widerspricht der Intuition, weil eine solche Disjunktion logisch wahr ist, sofern man nicht den Satz vom ausgeschlossenen Dritten bestreitet.

Der Logiker Kenton Machina räumt ein, dass die fuzzylogische Behandlung von Konjunktionen und Disjunktionen wie im vorgenannten Beispiel kontraintuitiv ist:

> Offenbar werden in unserer vielwertigen Logik die natürlichsten Arten von wahrheitsfunktionalen Definitionen der Junktoren »V« und »&« wohl zur Preisgabe sowohl des Gesetzes der Widerspruchsfreiheit wie des Satzes vom ausgeschlossenen Dritten führen. Tatsächlich ist es genau das, was in der Logik, für die ich mich ausspreche, eintritt. Ich gehe davon aus, dass der Verlust dieser Gesetze anfänglich als hinreichender Grund erscheinen wird, meinen Ansatz zurückzuweisen; meine Strategie wird darin bestehen, den Verlust als angemessen und willkommen erscheinen zu lassen. Wie sich herausstellt, kann man diese Gesetze nämlich aufgeben, ohne die Logik zu zerstören; ja es erweist sich sogar in gewissem Sinn, dass diese Gesetze in dem unten zu beschreibenden System bewahrt werden: Wenn sie auch nicht immer völlig wahr sein werden, so werden sie immer zumindest halbwahr sein.[35]

Machina behauptet, dass der Verlust des Satzes der Widerspruchsfreiheit und des ausgeschlossenen Dritten »angemessen« sei und »willkommen« sein sollte, weil die Vagheit es angeraten erscheinen lässt, Aussagen sowohl zu bejahen wie zu verneinen. Allerdings wäre, wie Linda Burns in ihrem Buch über Vagheit einwendet, die Möglichkeit, unvernünftig zu sein, gravierend beschränkt, wenn es möglich wäre, dieselbe Aussage zugleich zu verneinen wie zu bejahen.[36] Eine Aussage zu bekräftigen, bedeutet offenbar, ihre Wahrheit zu bekräftigen, sie zu verneinen, ihre Wahrheit zu bestreiten. Wer beides zur selben Zeit tut, ist unvernünftig, doch nach der Fuzzylogik muss die betreffende Person durchaus nicht unvernünftig sein. Es ist schwer einzusehen, wie jemand unvernünftig genannt werden könnte, wenn es als vernünftig zu bezeichnen wäre, dieselbe Aussage zugleich zu bejahen wie zu verneinen.

Rohit Parikh wirft noch eine andere Frage auf: »[Die Fuzzylogik] sagt uns nicht, warum es *Meinungsunterschiede* geben sollte. Wenn jemand zu 0,5 kahlköpfig ist, darf man wohl vermuten, dass man sich *darüber* einig werden könnte.«[37] Mit anderen Worten: In dem Versuch, Meinungsunterschiede und Unsicherheit darüber auszuräumen, wer als kahlköpfig eingestuft werden sollte, verschiebt die Fuzzylogik die Meinungsunterschiede lediglich hin zu bestimmten Graden der Kahlköpfigkeit. Es gibt kein größeres Einvernehmen über 0,40 Kahlköpfigkeit als über Kahlköpfigkeit. Tatsächlich dürften die Meinungsverschiedenheiten darüber noch größer sein.

2.4.3 Der Holzweg-Nachweis auf dem Prüfstand

Als Strategie zur Lösung von Paradoxien funktioniert die Holzweg-Lösung gut, wo es einen leicht aufzudeckenden Fehler im Gedankengang gibt, der das Argument hinfällig macht. Wo das nicht der Fall ist, und das ist bei der großen Mehrheit der Paradoxien so, stützt sich diese Strategie auf die Ablehnung von Begriffen der klassischen Logik wie etwa Validität und ersetzt sie durch Alternativen. Die Lösung ist dann genau so erfolgreich wie ihre vorgeschlagene Alternativlogik. Wie im Fall der Behandlung der Haufenparadoxie durch die Fuzzylogik gesehen, könnte die Zurückweisung ihrer Argumentation mit Hilfe fuzzylogischer Wahrheitsbedingungen weitere Probleme aufwerfen. Der vermeintliche Nutzen der Auflösung der Paradoxie könnte uns einen zu hohen Preis abverlangen, nämlich die Beschädigung unseres gewöhnlichen Verständnisses logischer Folgebeziehungen.

Wie beim Präventivschlag führt auch hier die Senkung unserer subjektiven Wahrscheinlichkeit hinsichtlich eines Teils der Paradoxie zu Vorschlägen, andere Aussagen anzunehmen, die eine noch geringere subjektive Wahrscheinlichkeit haben.

2.5 Lösungstyp 4: Picobello – alles an der Paradoxie ist rundum in Ordnung

Eine weitere übliche Strategie zur Lösung von Paradoxien besteht darin zu zeigen, dass die Schlussfolgerung des paradoxen Arguments, obwohl scheinbar falsch, tatsächlich wahr ist. Die Aufgabe besteht dann in dem Nachweis, warum die Schlussfolgerung annehmbar ist, obwohl das allem

Anschein nach nicht möglich ist. Wir haben dieses Kapitel mit dem Ziegen- oder Monty-Hall-Paradoxon begonnen, das letztlich gelöst wurde, indem die Schlussfolgerung als wahr erwiesen wurde. Obwohl es unserer Intuition widerspricht, hat der Kandidat einer Spielshow bessere Chancen, das Auto zu gewinnen, wenn sie oder er seine Wahl ändert, statt bei der ersten Wahl zu bleiben. Das ist eine klassische Picobello-Auflösung einer Paradoxie. Obwohl es scheint, dass die Kandidatin eine ebenso große Chance hat zu gewinnen, egal ob sie wechselt oder nicht, und obwohl es überraschend ist, dass ein Wechsel die bessere Wahl ist, erweist sich eben dies als richtig. Und wenn wir an eine Paradoxie nicht als Argument denken, sondern als eine Reihe wechselseitig widersprüchlicher Aussagen, von denen jede für sich wahr erscheint, versucht die Picobello-Lösung zu zeigen, dass es tatsächlich keine solchen Widersprüche zwischen den Aussagen der Paradoxie gibt: Sie lassen sich, so behauptet dieser Lösungsansatz, alle gleichzeitig schlüssig aufrechterhalten.

2.5.1 Picobello mit System: Dialetheismus, parakonsistente Logik und der Lügner

Eine andere Picobello-Lösung einer Paradoxie ist die Behandlung des Lügners durch den sogenannten Diatletheismus, der Auffassung, dass einige Widersprüche tatsächlich wahr sind. Der Diatletheismus hat eine interessante Herangehensweise an das Lügnerparadoxon. Jeder der ersten drei Sätze unten hat einen hohen Grad subjektiver Wahr-

Eine weitere übliche Strategie zur Lösung von Paradoxien besteht darin zu zeigen, dass die Schlussfolgerung des paradoxen Arguments, obwohl scheinbar falsch, tatsächlich wahr ist.

scheinlichkeit. Zusammengenommen schließen sie sich jedoch wechselseitig aus, wie die Tatsache zeigt, dass sie zur vierten Aussage führen:

Kästchen 16

L: Dieser Satz ist falsch.

1. Wenn (L) wahr ist, dann ist (L) falsch.
2. Wenn (L) falsch ist, dann ist (L) wahr.
3. Alle Sätze sind entweder wahr oder falsch (Bivalenz).
4. Daher ist (L) sowohl wahr als auch falsch.

Nach Auffassung des Dialetheisten lässt sich die Konjunktion sowohl des Lügnersatzes wie ihre Negation (L & ~ L) als wahr annehmen. Das gilt normalerweise als Problem, denn wenn Widersprüche als wahr betrachtet werden, lässt sich auf dieser Grundlage alles beweisen. Um dieses Problem abzumildern, bedient sich der Dialetheist einer parakonsistenten Logik, die einige sehr intuitive logische Prinzipien über Bord wirft wie den disjunktiven Syllogismus (*Modus tollendo ponens*), aber die Möglichkeit wahrer Widersprüche einräumt, vermeintlich ohne dabei in Trivialismus zu verfallen, das heißt in die platte Behauptung, dass alle Auffassung wahr seien.

Die parakonsistente Logik weicht in ihrer Behandlung von Widersprüchen von der klassischen und den meisten nichtklassischen Logiken ab. Intuitiv glauben wir an einen Fehler, sobald wir erkennen, dass eine Reihe von Annahmen in einen Widerspruch führt. Widersprüche (zum Beispiel *P & nicht P sind wahr*) gelten in den meisten Logiken typischerweise als problematisch. Wenn wir im alltäglichen Leben jemandem begegnen, der etwas behauptet (zum Beispiel »Ich habe ein blaues Auto«), um im selben Atemzug das Gegenteil zu verkünden (»Ich habe kein blaues Auto«), erscheint uns diese Person, gelinde gesagt, nicht mehr als verlässliche Informationsquelle. Unsere erste Reaktion wäre vielmehr die Vermutung, dass sie nicht alle Tassen im Schrank hat. Ebenso in der klassischen Logik: Wenn eine Reihe von Annahmen zu einem Widerspruch führt, schauen sich Logiker normalerweise die Beweise an, um zu überprüfen, ob sich irgendwo ein Fehler eingeschlichen hat. Die Scheu vor Widersprüchen hängt zum Teil damit zusammen, dass sich in der klassischen Logik schier alles ableiten lässt, wenn wir einen Widerspruch annehmen. Hier ein Beispiel für ein logisches Argument, dass etwas gänzlich aus der Luft Gegriffenes mit Hilfe eines Widerspruchs beweist. Nehmen wir an, wir möchten die Behauptung *r* beweisen. Dazu müssen wir *r* nicht einmal definieren, aber nehmen wir zum Spaß an, sie laute: Zenon war ein New Yorker. Gegeben ein beliebiger Widerspruch, können wir *r* mit Hilfe der klassischen Logik nun beweisen. Nehmen wir zum Beispiel den Widerspruch *a & nicht a* und definieren *a* als »Aristoteles war Makedonier«. Bei unserem Beweis beginnen wir also mit dem Widerspruch, dass Aristoteles Makedonier war und dass dies nicht der Fall war. Um dies symbolisch darzustellen, nennen wir die Behauptung *a & nicht a*, wobei & die Konjunktion repräsentiert. Der Ausdruck liest sich also: *a und nicht a*. Wenn wir dies als Annahme haben, können wir daraus einige offensichtliche Ableitungen vornehmen. Die erste ist *a* und die zweite ist *nicht a*. Mit anderen Worten, wenn *a und nicht a* angenommen wird, können wir daraus – einzeln – *a* und auch *nicht a* ableiten. Hier als Beispiel ein kleiner Beweis:

Kästchen 17

1. *a* & nicht *a* (Annahme)
2. *a* (aus 1, & Eliminierung)
3. nicht *a* (aus 1, & Eliminierung)
4. *a* ∨ *r* (2, ∨ *I*)
5. *r* (3, 4, Dis Syl)

Hier folgen 2 und 3 aus 1, weil dies schlicht die Bedeutung des &-Symbols ist. Wenn *P&Q* wahr ist, dann muss *P* wahr sein und auch *Q*. Die Klammern listen die Zeilen des Beweises und die Regel aus der klassischen Logik auf, die uns die Ableitung der aktuellen Zeile erlauben. Nun können wir einen Oder-Satz bilden, auch Disjunktion genannt. Nehmen wir die Prämisse 2 (*a*) und bilden eine Disjunktion mit irgendetwas Verrücktem, das wir zufällig beweisen möchten. Genau das erlaubt uns die Oder-Verknüpfung, die durch ∨

symbolisiert wird. Solange man eine wahre Aussage hat, wie »Aristoteles war Makedonier«, darf man eine Oder-Aussage bilden wie »Aristoteles war Makedonier *oder* Zenon war New Yorker«. Diese Aussage wird $a \vee r$ geschrieben. Das (2, ∨ *I*) bedeutet einfach, dass wir eine Oder-Aussage einführen und dabei das *a* aus der zweiten Beweiszeile verwenden. Als Nächstes können wir die Regel namens disjunktiver Syllogismus einsetzen, wonach wir auf den anderen Teilsatz schließen können, wenn wir eine Oder-Aussage haben und die Negation eines Teilsatzes der Aussage:

Kästchen 18

Disjunktiver Syllogismus

p oder *q*
nicht *q*
daher *p*

Mit anderen Worten, damit eine Oder-Aussage wahr ist, muss mindestens eine der beiden Seiten des Junktors »oder« wahr sein. Wenn also die *Negation* einer Seite wahr ist, dann muss die andere Seite wahr sein. Nehmen wir an, die Aussage »Ich bin Linkshänderin oder ich bin Rechtshänderin« sei wahr. Nehmen wir ferner an, dass ich keine Rechtshänderin bin. Wir können dann folgern, dass ich linkshändig bin. Durch Verwendung dieser Regel beweisen wir in unserem kleinen Beispiel sodann, dass Zenon ein New Yorker war.

Das ist also unser »Beweis«, dass Zenon New Yorker war. Wir können das *r* durch jede andere Aussage ersetzen und dasselbe daraus ableiten. Wir haben dabei nichts anderes getan, als einen Widerspruch anzunehmen (*a* & *nicht a*), jede einzelne Seite davon einzeln auszublenden (*a*, plus *nicht a*), dann mit Hilfe eines beliebigen Satzes *r* eine Oder-Aussage zu bilden (*a* ∨ *r*) und *r* abzuleiten, da die Negation von *a* (*nicht a*) der Fall war. Was dieser Beweis zeigt, ist, dass man, wenn man einen Widerspruch hat (zum Beispiel *a* & *nicht a*), eine elementare Schlussregel (zum Beispiel den disjunktiven Syllogismus) dazu nutzen kann, um jegliche Aussage zu beweisen. Das ist nicht wünschenswert, denn wenn man alles beweisen kann, sind alle Schlussfolgerungen trivial, führt der Beweis von allem und nichts doch dazu, dass der Wert eines Beweises ins Bodenlose stürzt. Weil sich mit der klassischen Logik schier alles beweisen lässt, wenn man einen Widerspruch hat, bezeichnet man sie als »explosiv«.

Die parakonsistente Logik erlaubt Widersprüche innerhalb eines logischen Systems, beschränkt aber bestimmte Logikregeln, damit sich aus diesen Widersprüchen nicht alles Beliebige schließen lässt; daher wird sie »nichtexplosiv« genannt. Sie behandelt außerdem inkonsistente Aussagen wie *a* & *nicht a* als informativ.

Die parakonsistente Logik bietet einen interessanten Weg zum Umgang mit Argumenten wie dem Satz des Lügners, »Dieser Satz ist falsch«, indem sie behauptet, dass der Widerspruch in der Konklusion, dass dieser Satz sowohl wahr als auch falsch ist, nicht so besorgniserregend sei, wie wir glauben, weil Widersprüche nicht dazu führen müssen, dass alles erlaubt ist. Sobald man den disjunktiven Syllogismus losgeworden ist – die Regel, mit der wir abgeleitet haben, dass Zenon New Yorker war –, lassen sich Widersprüche nicht mehr dazu benutzen, schier alles als wahr zu behaupten.

2.5.2 Kritik am Dialetheismus und der parakonsistenten Logik

Widersprüche verursachen bei denen, die sie entdecken, natürlich Unbehagen. Wo Paradoxien auftauchen, versucht man diese meist zu lösen, weist auf gewisse Probleme durch Widersprüche in den intuitivsten Teilen der Paradoxie und bemüht sich nach Kräften um eine Rückkehr zur Widerspruchsfreiheit. Ich stimme zwar der Auffassung zu, dass wir lernen müssen, mit einem gewissen Grad an Widersprüchlichkeit zwischen unseren Überzeugungen zu leben, besonders bei denjenigen, die mit unserem alltäglichen Verständnis umgangssprachlicher Begriffe wie »Wahrheit«, »Wissen«, »Schönheit« usw. zu tun haben; aber zu sagen, dass Widersprüche unter die Rubrik der Wahrheit fallen können, legitimiert sie in einer Weise, die nicht ernst genug nimmt, welche Probleme das aufwirft. Ich bin mir außerdem nicht sicher, ob der Satz »L ist wahr und nicht wahr«, selbst wenn er wahr wäre, das Problem lösen würde, das der Paradoxie zugrunde liegt. Wie zum Beispiel würde ein solcher Ansatz mit Sätzen umgehen wie »L ist nur nicht wahr« oder »L ist nur falsch«? Anscheinend kehrt das Problem zurück, wenn der Satz des Lügners leicht abgeändert wird.

2.5.3 Ein »extravagantes Paradoxon«: Die Picobello-Lösung eines Supervaluationisten

Wer die wirkliche Schönheit, oder die wirkliche Hässlichkeit aufsuchen will, der unternimmt eine ebenso fruchtlose Arbeit, als der, welcher die wirkliche Süßigkeit und Bitterkeit bestimmen wollte. Nach Beschaffenheit der Organe[n] kann eine und dieselbe Sache süß und bitter sein; und das Sprichwort sagt recht: Über den Geschmack ist es unnütz zu disputieren. Es ist ganz natürlich, ja notwendig, dass man diesen Grundsatz sowohl auf den Geschmack der Seele, als des Körpers erstrecke; und alsdann finden wir, dass die gesunde Vernunft, welche mit der Philosophie, besonders mit der skeptischen, so oft im Widerspruch steht, wenigstens in einem Fall mit derselben übereinstimmt, und einerlei Ausspruch tut. ... Derjenige, welcher unter dem Ogilby und Milton, oder unter dem Bunyan und Addison eine Gleichheit des Genies behaupten wollte, würde nach eines jeden Urteil keine geringere Ungereimtheit verteidigen, als wenn er behauptet hätte, ein Maulwurfshügel sei so groß als der Piko zu Teneriffa, oder ein Fischteich so groß als

> das Weltmeer. Ob man gleich Leute fände, die den erstern Schriftstellern den Vorzug geben, so ist doch niemand aufmerksam auf einen solchen Geschmack; und wir urteilen ohne Bedenken, die Empfindung solcher anmaßlicher Kunstrichter sei abgeschmackt und lächerlich.
>
> David Hume, »Von der Grundregel des Geschmacks«[38]

Dem schottischen Philosophen David Hume wird das »Paradoxon des Geschmacks« zugeschrieben. Als Reihe widersprüchlicher Aussagen formuliert, von denen jede wahr erscheint, umfasst es einfach zwei Behauptungen, nämlich 1.) Über Geschmack lässt sich nicht streiten, und, 2.) Wir können gute von schlechten Kunstwerken unterscheiden. Beide Aussagen sind in dem vorangestellten Zitat enthalten. Wenn Geschmacksfragen tatsächlich rein subjektiv sind, dann macht es offenkundig keinen Sinn, zwischen guter und schlechter Kunst zu unterscheiden. Aber das tun wir ständig wie selbstverständlich. Wie aber können diese beiden widersprüchlichen Aussagen gleichzeitig wahr sein?

Hume argumentiert, dass beide wahr sind, je nach der speziellen Deutung der Wörter »Empfindung« und »Geschmack«, er findet also eine »Picobello«-Lösung, wie wir es genannt haben, indem er erklärt, dass alles rundum in Ordnung ist und gar kein Paradox besteht. Vielleicht können wir, wenn jemand ein Kunstwerk schön oder grässlich findet, wirklich nicht darüber streiten, aber wir können laut Hume zum Beispiel behaupten, dass sich diese Person irrt, wenn sie glaubt, dass ihre Empfindung das wahre Wesen des Werks spiegelt. Für Hume ist »[a]lle Empfindung richtig, weil die Empfindung auf nichts außer sich eine Beziehung hat, und allezeit wirklich ist, wo nur ein Mensch sich derselben bewusst ist. Aber alle Bestimmungen des Verstandes sind nicht richtig; weil sie eine Beziehung auf etwas außer sich haben; nämlich, auf wirkliche Dinge und Begebenheiten.«[39] Tatsächlich geht er noch weiter: »Die Schönheit ist keine Eigenschaft in den Dingen selbst: sie ist bloß in der Seele vorhanden, welche diese Dinge betrachtet, und jede Seele stellt sich eine andere Schönheit vor.«[40] Wahre Schönheit zu suchen ist für Hume wie die Suche nach »wahrer Schärfe«: Was einer Zunge scharf erscheint, mag einer anderen fad vorkommen. Doch wenn wir zum Beispiel zwei Melodien vergleichen, einen Werbejingle und eine Bach-Fuge, ergibt sich ein »ausschweifendes Paradoxon, oder vielmehr eine handgreifliche Ungereimtheit«,[41] weil es anscheinend keinen objektiven Standard für die Behauptung gibt, dass Letztere schöner ist als Ersterer.

Um dieses »ausschweifende« Paradoxon aufzulösen, behauptet Hume, dass die erste Aussage – dass sich über Geschmack nicht streiten lasse – zwar nicht zu bezweifeln sei, es aber trotzdem einen auf Erfahrung aufbauenden Standard geben müsse, der auf »allgemeine[n] Beobachtungen von dem, was überall in allen Ländern und zu allen Zeiten, gefallen hat«, basiere.[42] Obwohl wir also nicht leugnen können, dass es unterschiedliche Empfindungen gibt, was schön ist und was nicht, können wir andererseits auch nicht bestreiten, dass diese Empfindungen »allgemein« akzeptierten Vorstellungen darüber entsprechen, was gefällt und was nicht. Genauer gesagt betont Hume, dass unser Schönheitsempfinden wie jede andere Fähigkeit durch Üben kultiviert werden könne: »Ob sich nun aber gleich zwischen einer und der anderen Person in der Zärtlichkeit [d. h. Empfindung] gemeiniglich ein großer Unterschied findet, so kann doch nichts dieses Talent besser vermehren und erhöhen, als die Übung in einer besondern Kunst, und die öftere Betrachtung oder Beschauung einer besonderen Art der Schönheit. ... [E]ben die Geschicklichkeit und Leichtigkeit, welche die Übung zur Verfertigung eines Werks gibt, wird auch durch eben diese Übung erlangt, es zu beurteilen.«[43]

Wenn Hume damit recht hat und sich unsere Geschmacksurteile vervollkommnen lassen, dann können wir sagen – auch wenn wir jemandem, der eine Bach-Fuge hört, seine Erfahrung nicht absprechen können –, dass seine oder ihre Fähigkeit, Schönheit wahrzunehmen, womöglich nicht ausreichend ist, um jene Eigenschaften des Kunstwerks zu erkennen, die »wahres« Schönheitsempfinden erzeugen. So wie für Gitarrenneulinge alle Gitarren gleich klingen, weil sie die subtilen Unterschiede nicht wahrnehmen, jedoch später nach viel Üben sachkundig die Feinheiten bemerken, wird jemand mit geübtem Kunstsinn verschiedene Kunstwerke besser beurteilen, weil er oder sie besser in der Lage ist, ihre Wesenszüge, die wahrer Schönheitserfahrung zugrunde liegen, zu erkennen.

Obwohl also die Schönheit allein in der Vorstellung existiert, gibt es nach Hume gewisse Wesenseigenschaften, die bei Geübten, die fähig sind, sie richtig zu erleben, Schönheit erzeugen. Zur Ausbildung dieser Fähigkeit gehört, empfindsam zu sein, das heißt in der Lage, kleine Details und subtile Unterschiede zwischen vergleichbaren Werken wahrzunehmen. Übung ist, wie oben gesagt, ebenfalls wichtig. Es ist auch nötig, sich von Vorurteilen zu befreien, besonders hinsichtlich modischer Äußerlichkeiten, allerdings nicht auf Kosten der Einsicht, dass nicht alle Sitten annehmbar sind. Hume schreibt: »Müssen wir die Gemälde unserer Vorfahren wegen ihrer altväterlichen Halskrausen und Reifröcke beiseite werfen? Wenn sich aber der Begriff der Moralität und des Wohlanstandes von einem Zeitalter zum anderen verändert und irgendwo lasterhafte Sitten beschrieben werden, ohne mit dem gehörigen Charakter des Tadels und Missfallens belegt zu sein, da muss man gestehen, dass sie das Gedicht verunstalten und eine wirkliche Hässlichkeit sind.«[44] (Ebenso mögen uns Heutigen manche Witze aus angestaubten Fernsehserien eher grob und sexistisch als komisch vorkommen.) Schließlich gibt es für Hume noch das Feingespür oder die gute Urteilsfähigkeit.[45] Auf diese Weise entwickeln wir unseren ästhetischen Sinn und können Schönheit besser erkennen.

So löst der Philosoph die Paradoxie des Geschmacks auf, indem er beide Behauptungen für wahr erklärt: dass sich über Geschmack nicht streiten lässt, und dass wir zwischen guten und schlechten Werken unterscheiden können. Wir können zwischen verschiedenen Geschmacksempfindungen nicht urteilen. Wir können jedoch auf universelle Merkmale von Gegenständen der ästhetischen Anschauung weisen, die, durch die Beobachtung verschiedener Zeitalter und Kulturen, allgemein als solche anerkannt werden und bei Connaisseurs mit der kultivierten Fähigkeit zum Genuss des Schönen Gefallen finden. Wir können somit sagen, dass die Empfindung eines einzelnen Menschen kein so genauer Maßstab der Auffassung der Wesenseigenschaften eines Kunstwerks sein mag, um Gefallen oder Missfallen hinreichend allgemeingültig zu verbürgen.

Was ist aber, wenn zwei Menschen ein ähnlich hoch entwickeltes Schönheitsempfinden haben, aber zu unterschiedlichen Auffassungen darüber gelangen, was schön ist und was nicht? Hält Hume das für möglich? Das tut er, ja er hält es für in mancher Hinsicht unvermeidlich, schließlich sei es zwar eindeutig ein Fehler eines Kunstkritikers, eine Ausdrucksweise zu billigen und alle anderen zu verdammen, wir neigten aber fast unweigerlich dazu, einen Stil zu bevorzugen, der unserem Temperament und Charakter besonders liegt. Solche Präferenzen hält Hume aber für harmlos und unumgänglich, und nie sei es in solchen Fällen angemessen, über sie zu streiten, da es keinen Standard gebe, um die Sache zu entscheiden.[46] Doch das klingt eher danach, dass es keine Möglichkeit gibt, die Paradoxie aufzulösen, außer in jenen Fällen, in denen unter den Kunstsachverständigen Einhelligkeit herrscht. Humes Erwiderung mag daher eher wie eine Lösung des Typs »Die bittere Pille schlucken« erscheinen, bei der die Paradoxie als unvermeidlich hingenommen wird. Obwohl er also die Paradoxie für die offenkundigeren Streitfragen gelöst hat, bleibt immer noch die Frage, ob zwei gleich gut entwickelte Kunstsinne unterschiedliche Meinungen zum selben Werk haben können. Die Antwort Humes darauf lautet: ja. Wenn wir Humes Versuch als Picobello-Lösung betrachten wollten, müssten wir zugeben, dass sie scheitert. Wenn Hume andererseits einräumt, dass zwei gleichermaßen gute Kunstexperten abweichende Meinungen über die Schönheit eines Kunstwerks haben können, bleiben wir wieder auf der Frage sitzen, ob es unter diesen beiden Meinungen nicht doch eine richtige Auffassung gibt. Vielleicht können wir das Problem lösen, indem wir die zweite Aussage leicht abändern: dass wir *in einigen Fällen* zwischen guter und schlechter Kunst unterscheiden können. In Fällen, wo es keinen Konsens zwischen gleich gut entwickelten Kunstsinnen gibt, können wir es zwar nicht, wohl aber dort, wo Einhelligkeit herrscht.

Ein möglicher Weg, um ein solches Vorhaben mit Hilfe einer zeitgenössischen Logik namens Supervaluationismus umzusetzen, besteht darin, eine Bandbreite zulässiger Deutungen zu nehmen, nennen wir sie »Bewertungen«.[47] Jede Bewertung weist Behauptungen über den ästhetischen Wert eines Gegenstands einen Wahrheits- oder Falschheitswert zu. Eine Bewertung ist zulässig, wenn sie mit den von Hume angeführten Richtlinien übereinstimmt – Feingespür, Übung, Unvoreingenommenheit und gutes Empfinden – sowie weiteren von der supervaluationistischen Logik spezifizierten Zulässigkeitskriterien genügt. So ist festgelegt, dass eine Deutung zulässig ist, wenn sie alle anschaulichen, empirisch beobachtbaren und theoretischen Beziehungen beachtet. Darauf ist zu achten, um Konflikte mit der Erfahrung und den Spezifizierungen anderer Begriffe zu vermeiden; zum Beispiel darf eine Deutung, die den Begriff »schön« in Bezug auf einen bestimmten Gegenstand verwendet, nicht gleichzeitig den Ausdruck »hässlich« auf denselben Gegenstand anwenden.

Gegenüber dem Satz »Leonardo da Vincis Mona Lisa ist schön« werden einige akzeptable Bewertungen die Aussage als wahr qualifizieren, andere werden (aber müssen nicht) die Aussage als falsch einstufen. Wenn alle annehmbaren Bewertungen einhellig urteilen, die Aussage sei wahr, können wir ihr die Superbewertung »superwahr« verleihen. Wenn es hingegen unter den annehmbaren Bewertungen abweichende Meinungen gibt, können wir, obwohl diese für manche Interpretationen gelten und nicht für andere, nicht behaupten, dass die Aussage gemäß allen annehmbaren Interpretationen »superwahr« oder wahr ist. Ähnlich verhält es sich, wenn alle annehmbaren Bewertungen der Behauptung, das Werk X sei schön, als falsch qualifizieren. Die Aussage »X ist schön« erhält dann den Wert »superfalsch«. Dieser Ansatz erlaubt Divergenzen unter gleichermaßen annehmbaren Bewertungen, ermöglicht es aber auch, dass einige Superwerte die verschiedenen annehmbaren Bewertungen zusammenbinden. Somit vertritt der supervaluationistiche Ansatz zur Lösung der Paradoxie des Geschmacks die Auffassung, dass es zwar nicht möglich sein mag, in Fragen des Geschmacks zwischen abweichenden Urteilen zu einer abschließenden Entscheidung zu kommen, man aber dennoch bei manchen Kunstwerken mit Hilfe des Supervaluationismus bestimmen kann, ob sie gut oder schlecht sind.

Natürlich hängt der Erfolg dieser supervaluationistischen Lösung der Paradoxie des Geschmacks davon ab, ob sie andere problematische Ergebnisse vermeidet. Wenn zum Beispiel nur eine zulässige Deutung »X ist schön« als wahr klassifiziert, während Tausende anderer »X ist schön« als falsch einstufen, sollten wir uns die Aussage »X ist schön« dann als »beinahe superfalsch« vorstellen? Oder sollen wir sie nach der Mehrzahl der Deutungen unter die Rubrik »falsch« einordnen, aber unter »wahr« nach einer? Man könnte sich fragen, ob Konsens, selbst unter »zulässigen« Interpretationen, wirklich ausreicht, um die Paradoxie zu lösen.

2.5.4 Die Picobello-Lösung auf dem Prüfstand

Als Strategie zur Lösung von Paradoxien ist der Picobello-Lösungstyp bestrebt, intuitiv unvereinbare Teile der Paradoxie miteinander zu versöhnen. Dabei wird er in den meisten Fällen versuchen, einen internen Widerspruch der Paradoxie zu verneinen. Wenn wir die Definition der Paradoxie als Reihe wechselseitig widersprüchlicher Aussagen zugrunde legen, von denen eine jede wahr ist, versucht dieser Lösungstyp also zu zeigen, dass sich die einzelnen Teile am Ende doch nicht gegenseitig ausschließen. Und hält man sich an die Definition von Paradoxie als Argumentation mit scheinbar wahren Prämissen, scheinbar richtigem Gedankengang und einer offenkundig falschen oder widersprüchlichen Schlussfolgerung, so zeigt der Picobello-Lösungstyp, dass diese Konklusion gar nicht wirklich falsch ist.

Erfolg oder Scheitern einer solchen Lösung hängt davon ab, wie gut es gelingt zu zeigen, dass die Schlussfolgerung des paradoxen Arguments tatsächlich wahr ist oder dass die scheinbar unvereinbaren Aussagen sich allesamt als wahr und widerspruchsfrei erweisen. Wie gezeigt, mögen schwächere Paradoxien (wie das Monty-Hall-Paradoxon) eine solche Lösung zulassen, die stärkeren jedoch (wie der Lügner) lassen sich nicht so leicht in den Griff bekommen.

2.6 Lösungstyp 5: Die Umgehung – kreative Vorstellungsalternativen

Die Umgehung ist der erste Lösungstyp, den ich erörtere, der nicht danach trachtet, die subjektive Wahrscheinlichkeit eines Teils der Paradoxie zu senken. Dieser Lösungstyp würdigt, dass jeder Teil des Paradoxons große intuitive Kraft besitzt, weil er akkurat ein Merkmal der Vorstellungen abbildet, die zur Paradoxie führen. Die Umgehungsstrategie erkennt an, dass die Vorstellungen selbst das Paradoxon heraufbeschwören, und bietet einen Ausweg an, indem sie diese durch andere ersetzt. Damit ist zwar nicht die Paradoxie beseitigt, das wissen auch die Verfechter solcher Umgehungslösungen, aber immerhin verfügt man nun über eng an die relevantesten ursprünglichen Vorstellungen angelehnte Ersatzkonzeptionen, mit denen sich eine Paradoxie umgehen lässt.

2.6.1 Tarski umgeht den Lügner, Grelling-Nelson und Richard

In einem Aufsatz über die »semantische Konzeption der Wahrheit und die Grundlagen der Semantik« stellte der polnisch-amerikanische Mathematiker und Logiker Alfred Tarski 1944 seine Diagnose der Lügnerparadoxie.[48] Den Haken bei Aussagen wie »Was ich jetzt sage, ist falsch« erkannte er darin, dass natürliche Sprachen wie Polnisch, Englisch, Deutsch und so weiter semantisch geschlossen sind, das heißt: Um diese Sprachen zu beschreiben, bedient man sich wiederum der Wörter dieser Sprachen. Ausdrücke wie »ist wahr«, »ist falsch«, »ist ein Satz« sind zugleich Teil der Sprache und dienen ihrer Beschreibung. Wie bei dem berühmten Bild von M. C. Escher, das zwei sich gegenseitig zeichnende Händen darstellt, haben wir hier also etwas, das sich selbst erzeugt – in diesem Fall sprachliche Ausdrücke, die benutzt werden, um eine Beschreibung der Sprache hervorzubringen. Natürliche Sprachen unterscheiden somit nicht zwischen den Ebenen ihres Gebrauchs durch die Sprecher dieser Sprachen – ihre Verwendung als »Objektsprache«, wie Tarski sagt – und ihres Gebrauchs als »Metasprache«, also um über die Sprache selbst zu sprechen. Allein unser üblicher Gebrauch des Wortes »wahr« liefert ausgiebig Belege, wie wir Wörter benutzen, um über andere Elemente unserer Sprache zu sprechen, etwa in dem Satz »Was sie sagt, ist wahr«.

Tarski schlägt nun eine andere Methode vor, über Wahrheit zu sprechen, und zwar mit Hilfe einer semantisch offenen Sprache und eines Kriteriums, das er »Erfüllung« nennt. Seine offene Sprache besteht aus einer Hierarchie über- und untergeordneter Sprachen, wobei keine der untergeordneten Sprachen sich selbst beschreibt. »Erfüllung« ist eine Beziehung zwischen Objekten einerseits und Satzfunktionen andererseits wie »X ist ein Neffe«. Satzfunktionen haben die Form regulärer Sätze, enthalten aber Variablen wie »X«. Sobald die freie Variable durch ein Objekt ersetzt ist – sagen wir, der Name einer Person –, ist der Ausdruck schlicht ein Satz, wie bei »Otto ist ein Neffe«. Ein Satz ist für Tarski wahr, »wenn er durch alle Objekte erfüllt wird, und falsch, wenn er von keinen Objekten erfüllt wird«.[49]

Erfüllung ist ein »rekursives« Konzept, mit anderen Worten, komplexere Satzfunktionen werden aus einfacheren aufgebaut. So erfüllen zum Beispiel zwei Objekte, X und Y, die Aussage »X ist weniger oder gleich Y«, wenn sie entweder die Aussage »X ist weniger als Y« oder »X ist gleich

Y« erfüllen. Genauer gesagt: Eine rekursive Definition gibt Regeln an, mit denen sich angeben lässt, was als Element einer Menge der definierten Sache zählt, wobei man einen Fall als Basis nimmt und dann wiederholt (das heißt, rekursiv) auf dieser Basis aufbaut. Hier zum Beispiel eine rekursive Definition von geraden natürlichen Zahlen. Ein Element der Menge der natürlichen Zahlen gehört zur Menge der geraden natürlichen Zahlen dann und nur dann, wenn, gegeben 0 ist eine gerade Zahl (Basisfall), diese Zahl + 2 zur Menge der geraden Zahlen gehört. Wie dieses Beispiel illustriert, lässt sich eine rekursive Definition für alle möglichen Elemente der Menge wiederholen: Gegeben 0 ist ein Element der Menge der geraden Zahlen, können wir durch Addition von 2 am laufenden Band sämtliche gerade Zahlen erzeugen.

Tarskis alternative Wahrheitskonzeption soll zwei Kriterien erfüllen. Erstens soll sie *materiell adäquat* sein, das heißt mit unserer alltäglichen Vorstellung von Wahrheit übereinstimmen. Insbesondere ist danach jeder Satz wahr, der die Form hat: *»p« ist dann und nur dann wahr, wenn p.* Tarski nennt das die T-Bedingung. Die T-Bedingung verlangt, dass jede in einer Sprache beschriebene (d. h. in Anführungszeichen oder kursiv gesetzte) Aussage wahr ist just in dem Fall, in dem sie, wenn nicht beschrieben, sondern tatsächlich verwendet, wahr ist. Folglich ist die Aussage »Schnee ist weiß« dann und nur dann wahr, wenn Schnee weiß ist. Diese Bedingung wird wir folgt symbolisiert:

Kästchen 19

> **Tarskis T-Bedingung**
>
> »φ« ist wahr dann und nur dann, wenn φ

Der Satz »Gras ist grün« ist also dann wahr und nur dann, wenn Gras grün ist. Und »Gras ist orange« ist dann und nur dann wahr, wenn Gras wirklich orange ist. Gras ist nicht orange, deshalb ist der Satz nicht wahr. Aber er wäre wahr, falls Gras tatsächlich orange wäre. Die zweite Bedingung ist, dass die Definition der Wahrheit formal korrekt sein muss, was bedeutet, dass sie nicht zirkulär und nicht widersprüchlich sein darf. Ist der Begriff formal korrekt, kann er nicht zu einem Widerspruch führen.

2.6.2 Tarskis Umgehung der Paradoxie

Weil Tarski zwischen Objekt- und Metasprache unterscheidet, ist die Aussage »Dieser Satz ist falsch« nach seiner Logik unzulässig, da er beide Ebenen vermischt, denn sie benutzt gleichzeitig die Sprache (Objektsprache) und beschreibt sie (Metasprache). Tarskis Ersatzkonzept für Wahrheit, Erfüllung, tut dies nicht. Das Konzept verschafft uns außerdem, was wir von einer Wahrheitsdefinition verlangen: Es ist »materiell adäquat«, sodass jede Aussage mit der Form *»p« ist dann und nur dann wahr, wenn p* wahr ist; und es ist formal korrekt, sodass die Definition nicht in Widersprüche oder Zirkularität mündet.

Das lässt sich nun auch auf andere semantische Paradoxien übertragen, das heißt solchen, die mit Bedeutung und Wahrheit zu tun haben, darunter auch die Grelling-Nelson-Antinomie und Richards Paradox, das sogenannte Definierbarkeitsparadoxon. Diese haben wir oben noch nicht erwähnt, daher seien sie hier kurz angesprochen.

Bei der Grelling-Nelson-Antinomie geht es um autologische und heterologische Wörter, also solche, die sich selbst beschreiben, und solche die das nicht tun. Das Wort »kurz« zum Beispiel ist ein kurzes Wort, daher ist es autologisch. Das Wort »lang« ist kein langes Wort, daher beschreibt es sich nicht selbst und ist folglich heterologisch. Aber nun stellt sich die Frage, welchen Status eigentlich das Wort »heterologisch« selbst hat. Ist es ein heterologisches Wort? Wenn es tatsächlich heterologisch wäre, dann würde es sich nicht selbst beschreiben. Aber ein Wort zu sein, das sich nicht selbst beschreibt, ist ja gerade die Definition des Wortes »heterologisch«. Es wäre also doch heterologisch. Wenn das Wort also heterologisch ist, dann ist es autologisch. Und wenn das Wort autologisch ist, bezieht es sich auf sich selbst. Weil heterologische Wörter sich nicht selbst beschreiben, beschreibt es sich selbst dann und nur dann, wenn es sich nicht selbst beschreibt.

Bei Richards Paradox, auch Definierbarkeitsparadoxon genannt, wird ein Term oder ein Konzept so definiert, dass ein Widerspruch entsteht. *A* sei zum Beispiel die Menge aller natürlichen Zahlen, die mit weniger als 100 Wörtern definiert werden können. Da es nur eine endliche Menge von diesen gibt, muss es eine kleinste natürliche Zahl *n* geben, die nicht zu *A* gehört. Aber diese Zahl lässt sich eben definieren als die »kleinste natürliche Zahl *n*, die nicht zu A gehört« und folglich in weniger als 100 Wörtern. Sie sollte somit doch zu *A* gehören. Diese Zahl gehört also, wie es scheint, sowohl zu *A* als auch nicht zu *A*.

Wie beim Lügner räumt Tarskis Ansatz bei der Antinomie von Grelling und Nelson und bei Richards Definierbarkeitsparadox ,den alltagsprachlichen Wahrheitsbegriff aus dem Weg und ersetzt ihn durch den weniger problematischen Begriff der »Erfüllung«. Dieses Konzept fußt auf einer Hierarchie von Sprachen, innerhalb deren sich eine untergeordnete Sprache nicht auf sich selbst beziehen darf. Ganz problemlos ist das aber nicht. Saul Kripke weist darauf hin, dass wir häufig Aussagepaaren begegnen, bei denen ein Satz etwas über den anderen mitteilt. Ein Journalist könnte zum Beispiel über den verurteilten Anlagebetrüger Bernard Madoff sagen: »Alles, was Madoff über seine Investmentfirma sagt, ist falsch«, was Madoff mit dem Satz kontert: »Alles, was der Journalist über meine Investmentfirma gesagt hat, ist falsch.« Nach Tarskis Logik stimmt bei beiden Aussagen etwas nicht, weil jede die Unterscheidung von Metasprache und Objektsprache verletzt. Kripke hält dagegen, dass wir häufig solche Aussagen nicht nur verstehen, sondern ihnen auch einen Wahrheitswert beimessen können. Dem könnte Tarski freilich entgegnen, dass es ihm gar nicht um natürliche Sprache gehe, daher sei der Einwand irrelevant. Trotzdem, solche Kritikpunkte werfen die Frage auf, wie gut Tarskis Konzept den Wahrheitsbegriff natürlicher Sprachen wiederspiegelt.

2.6.3 Die Umgehungslösung auf dem Prüfstand

Umgehungen zur Lösung von Paradoxien zielen nicht darauf, die subjektive Wahrscheinlichkeit von Teilen der Paradoxie zu senken. Stattdessen versucht dieser Ansatz, alternative Konzepte bereitzustellen, die keine Annahmen hoher subjektiver Wahrscheinlichkeit enthalten, sich aber untereinander widersprechen. Natürlich liegt gegen diesen Lösungstyp der Vorwurf nahe, dass er zwar die vertrackten Konsequenzen der Paradoxie vermeidet, aber vor dieser selbst zurückweicht. Er setzt sich so der Kritik aus, seine Behandlung der Paradoxie sei fallweise zurechtgelegt und schenke den von ihr aufgeworfenen Problemen nur geringe Beachtung.

2.7 Lösungstyp 6: Die bittere Pille schlucken – Paradoxien akzeptieren

Manchen Lösungen zufolge offenbart die Paradoxie einen Fehler, der unseren Vorstellungen innewohnt, weshalb der darin enthaltene Konflikt nicht aufzulösen sei.

2.7.1 Die Dollarauktion

Nehmen wir an, zwei Spieler erhalten je eine Börse von 2,50 Dollar und können damit in einer Auktion einen weiteren Dollar hinzuersteigern. Der Dollar geht an den Höchstbietenden, ganz gleich, wie hoch oder niedrig sein Gebot. Der Haken: In diesem Spiel muss der zweithöchste Bieter die Summe seines Gebots an den Auktionator bezahlen und erhält dafür nichts. Das Spiel erlaubt Gebote in Fünf-Cent-Schritten. Sofern die Regeln des Spiels Kooperation erlauben, bestünde die optimale Strategie für den ersten Spieler, fünf Cent zu bieten, während der zweite auf ein Gebot verzichtet. Beide Spieler können sich dann den Gewinn von 95 Cent teilen. Ist hingegen keine Zusammenarbeit erlaubt, besteht die beste Strategie für den ersten Spieler darin, ein Gebot abzugeben (dass eine Funktion seiner Spielbörse und des Spieleinsatzes ist), während der zweite Spieler am besten auf ein Gebot verzichtet. Beträgt die Börse des ersten Spielers zum Beispiel 2,50 Dollar und müssen Gebote eine Mindesthöhe von fünf Cent haben, sollte der erste Spieler 60 Cent bieten und der zweite Spieler passen. (Die Lösungsmöglichkeiten des Problems stellt Barry O'Neill in einem Baumdiagramm mit etwa 2500 Ästen dar.)[50] Allerdings sind normale Menschen nicht in der Lage, solche Entscheidungen im Eifer des Gefechts zu treffen, weshalb die rationalste Strategie darin besteht, erst gar nicht zu spielen.

Entspinnt sich jedoch ein Spiel zwischen mindestens zwei Spielern, dann setzt als unmittelbare Folge durchaus

Manchen Lösungen zufolge offenbart die Paradoxie einen Fehler in unseren Vorstellungen, weshalb der in ihnen enthaltene Konflikt auch nicht aufzulösen sei.

vernünftiger Überlegungen eine unbeabsichtigte Eskalation ein. Nehmen wir an, das Gebot eines Erstbieters hat schon einen Dollar erreicht, währen der Zweitbieter bei 95 Cent steht. Der Zweitbieter steht nun kurz davor, 95 Cent zu verlieren, denn nach der Regel muss der Zweitbieter ja sein Gebot bezahlen, auch wenn er leer ausgeht. Der Weg, um diesen Verlust zu vermeiden, wäre nun ein Gebot von 1,05 Dollar, um die Auktion zu »gewinnen«, das heißt unter dem Strich dabei nur fünf Cent zu verlieren. Natürlich wäre dem Erstbieter nun daran gelegen, dem Verlust seines Gebots von einem Dollar in gleicher Weise zuvorzukommen, daher würde er sein Gebot auf 1,10 Dollar erhöhen, schließlich ist der Verlust von zehn Cent besser, als einen ganzen Dollar abzuschreiben. Und so weiter. Der Bieterkampf setzt sich fort, bis einer der Spieler aufgibt.

Üblicherweise lassen sich Probanden auf dieses Spiel ein, und das typische Muster ist dann, wie Zeev Maoz beschreibt, die fortgesetzte Eskalation.[51] (Ich selbst habe bei Versuchen etwas andere Erfahrungen gemacht.) Beginnend bei sehr kleinen Geboten, verlangsamt sich das Spiel im Bereich von einem Dollar und schießt dann schnell darüber hinaus, um schließlich abrupt zu enden, wenn dem Mitspieler mit der zweitgrößten Börse das Kapital ausgeht hat. Tatsächlich hat das Spiel keinen Gewinner, der zweithöchste Bieter hat alles verloren, und der »Gewinner« weit mehr als den Wert eines Dollars bezahlt. Beide Parteien wären besser dran gewesen, wenn das Spiel früher geendet hätte, doch jeder Spielzug erschien aus der Situation heraus gerechtfertigt.

Entsprechend kommt Robert Costanza zu dem Schluss, dass es angesichts solcher Optionen das einzig Vernünftige wäre, »erst gar nicht ins Spiel einzusteigen. Sobald mindestens zwei Bieter ins Spiel kommen, ist ihr Schicksal besiegelt, wenn sie sich von diesem Augenblick an rational verhalten.«[52] Barry O'Neill erkennt darin jedoch einen Widerspruch, denn »wenn man weiß, dass der Gegner nicht bieten wird, sollte man selbst eindeutig ein kleines Gebot abgeben. Wenn also die rationalste Strategie für beide ist, nicht zu spielen, und wenn man weiß, dass sich der Gegner rational verhält, kann man daraus ableiten, dass die rationalste Strategie für einen selbst darin besteht, zu spielen, was ein Widerspruch ist.«[53]

Um die Paradoxie auf den Punkt zu bringen: Sobald das Spiel beginnt, ist jeder Schritt zur Eskalierung der Gebote rational begründet. Doch diese Strategie fügt beiden Spielern am Ende einen Verlust zu, macht folglich beide zu Verlierern. Wenn der andere Spieler jedoch weiß, dass sich der Gegner nicht auf das Spiel einlassen wird, sollte der Bieter das niedrigste Gebot abgeben. Sobald die Dollarauktion begonnen hat, ist jeder individuelle Spielzug rational, doch als Ganzes sorgt der Spielverlauf dafür, dass beide Spieler hinterher schlechter dastehen. Unterm Strich ist es also irrational, sich am Spiel zu beteiligen. Jeder einzelne Spielzug scheint im Interesse des Spielers zu liegen, die Gesamtstrategie dagegen schadet ihm.

Diese Paradoxie lässt sich auf zwei Staaten anwenden, die kurz vor einer kriegerischen Auseinandersetzung stehen. In diesem Fall hat gewöhnlich das »Spiel« bereits begonnen. Laut Maoz ist dabei »Rücksichtslosigkeit die Folge vollkommen vernünftiger Überlegungen einschließlich der Vorstellung, dass eine Eskalation völlig kontrollierbar sei, weil ein Krieg ja etwas ist, das niemand wollen kann. Jede Seite glaubt, dass sie den Gegner durch Jonglieren mit dem Kriegsrisiko ängstigen kann. Doch wenn die Parteien die Schwelle zum Krieg erreichen, können sie nicht klein beigeben, weil es sich niemand leisten kann, als Verlierer dazustehen.«[54] Krisen, so lautet das Fazit von Maoz, »können eskalieren, gerade weil Politiker vernünftig und besonnen sind und gerade weil sie alles in ihrer Macht tun, um eine Konfrontation zu vermeiden. In einem System von Interaktionen, wo das, was man bekommt, ebenso sehr davon abhängt, was andere Akteure tun, wie vom eigenen Handeln, kann die Lage außer Kontrolle geraten, gerade *weil* jede Seite bestrebt ist, eine Eskalation zu vermeiden.«[55]

Bei der Logik, die der Paradoxie der Kriseneskalation zugrunde liegt, mag man sich an die Haufenparadoxie erinnert fühlen. Die einzelnen Züge, die schließlich zur Eskalation führen, scheinen nach dem Muster der zweiten Prämisse der Haufenparadoxie abzulaufen: Jeder Zug wirkt vernünftig und gerechtfertigt. In ähnlicher Weise verhält es sich mit der Haufenparadoxie: Jeder Schritt der Reihe, jede Hinzufügung eines einzelnen Haars, erscheint zulässig. Wenn ein Mensch mit 100 Haaren kahlköpfig ist, dann muss ein Mensch mit 101 Haaren wohl ebenfalls kahlköpfig sein, weil der Unterschied eines einzelnen Haares so gering ist. Ebenso ist jeder der individuellen Züge bei der Dollarauktion völlig rational. Doch das Gesamtergebnis ist, wie bei der Haufenparadoxie, unannehmbar.

Eine Antwort bestünde darin, die Paradoxie der Krisen-eskalation für unlösbar zu erklären. Das heißt, wir könnten die Paradoxie akzeptieren als Demonstration, dass es bestimmte Situationen gibt, in denen unsere rationalen Überlegungen zur besten Vorgehensweise nichts fruchten. Eine solche Lösung – die »bittere Pille schlucken«, wie wir es oben genannt haben – mag wie eine Ausflucht erscheinen. Statt die Ärmel hochzukrempeln und eine Lösung zu finden, sagt dieser Ansatz: alles vergebene Liebesmüh. Es lässt sich aber auch sorgfältig begründen, warum die bittere Pille zu schlucken ist und sämtliche Lösungsmöglichkeiten negiert werden müssen. Stephen Schiffer nennt dies die »mürrische« Lösung einer Paradoxie.[56] Sie besagt nicht nur, dass es keine Lösung gibt, sondern auch, warum das so ist.

2.7.2 Michael Dummett gibt sich der Haufenparadoxie geschlagen

Ein profunderes Beispiel für das »Schlucken einer bitteren Pille« ist Michael Dummetts Lösung der Haufenparadoxie. In seinem Aufsatz »Wang's Paradox« beschreibt er ein Merkmal der Vagheit, das Ähnlichkeit zu Toleranz im technischen Sinn einer zulässigen Abweichung hat. Er nennt dieses Merkmal empirischer Prädikate die »Intransitivität ununterscheidbarer Differenz« und erläutert: »ein Sandkorn hinzuzufügen konnte keinen Unterschied machen zwischen dem, was ein Haufen ist und was nicht – nicht nur weil wir uns nicht dafür entschieden haben, eine scharfe Trennlinie zwischen einem Haufen und einen Nicht-Haufen zu ziehen, sondern auch, weil es keinen durch Beobachtung feststellbaren Unterschied machen würde«.[57] Dummetts »ununterscheidbare Differenz« ist intransitiv, weil zwar ein Sandkorn keinen Unterschied machen kann, etwa 50 davon hingegen am Ende schon. Wenn ich zum Beispiel jemanden bitte, ein Häuflein Salz auf einem Teller zu schütten, dann hat er mit einem Körnchen meiner Bitte nicht Genüge getan. Wenn er ein Salzkorn mehr nimmt, hat er der Bitte noch immer nicht entsprochen, doch wenn er Korn um Korn hinzufügt, wird er meinen Wunsch irgendwann erfüllt haben. Indem er auf die Intransitivität der Relation »ununterscheidbar different« hinweist, beschreibt Dummett ein auffälliges Merkmal von Vagheit: Obwohl es eine graduelle Veränderung gibt, die keinen Unterschied macht (zulässige Abweichung), addieren sich die winzigen Grade schließlich zu etwas, das eine Differenz bewirkt. Zur Veranschaulichung beschreibt Dummett das folgende Szenario:

> Ich betrachte etwas, das sich bewegt, aber es ist zu langsam, als dass ich die Bewegung erkennen könnte. Nach einer Sekunde hat es immer noch den Anschein, dass es auf derselben Position verharrt; ebenso nach drei Sekunden. Nach vier Sekunden erkenne ich jedoch, dass es sich von seiner Ausgangsposition

> fortbewegt hat, das heißt derjenigen Position von vor vier Sekunden. Zu diesem Zeitpunkt sieht es für mich jedoch nicht so aus, dass es an einer anderen Position ist als vor einer oder auch drei Sekunden.[58]

In diesem Szenario kann ein Beobachter keine Bewegung, die sich in weniger als vier Sekunden abspielt, wahrnehmen. Er sieht zwar, dass sich das Objekt von seiner ursprünglichen Position fortbewegt hat, aber nicht in der letzten Sekunde oder in den letzten drei. Anhand des vorangehenden Beispiels demonstriert Dummett, dass sich der Beobachter bei seinem Versuch, die wahrgenommene Fortbewegung des Objekts in Worte zu fassen, in Widersprüche verstrickt:

> Nehmen wir an, ich nenne den Standort, auf dem ich den Gegenstand zuerst sehe, Position X, und gebe einmal pro Sekunde eine Lagemitteilung. Am Ende der ersten Sekunde muss ich sagen: »Es sieht für mich so aus, dass er auf Position X geblieben ist.« Und dasselbe muss ich am Ende der zweiten und der dritten Sekunde erklären. Was soll ich am Ende der vierten Sekunde sagen? Offenbar kann ich nichts anderes erklären als: »Es sieht für mich nicht mehr so aus, als ob sich der Gegenstand noch auf Position X befindet«, denn Position X war ja definiert als diejenige Position, auf der sich das Objekt am Anfang der Beobachtung befand, und gemäß der Hypothese sieht es für mich

> am Ende der vier Sekunden nicht länger so aus, als ob er sich noch auf der Position bei Beobachtungsbeginn befände. Doch offenbar bin ich aufgrund der Tatsache, dass ich nach drei Sekunden sagte, »Es sieht für mich immer noch so aus, als wäre er auf Position X«, aber nach vier Sekunden erklärte, »Es sieht für mich nicht mehr so aus, als ob er sich noch auf Position X befindet«, zu der Aussage verpflichtet: »Nach vier Sekunden sieht es für mich so aus, dass er in einer anderen Position ist als nach drei Sekunden.« Doch das ist genau das, was ich bestreiten möchte.[59]

Der Beobachter, der die Position des Objekts beurteilt, ist gezwungen, nach vier Sekunden festzustellen, dass dessen Standort ein anderer ist als Position X, und sieht sich zugleich genötigt zu sagen, dass der Gegenstand an einer anderen Position zu sein scheint als vor drei Sekunden. Doch nach drei Sekunden war der Beobachter ja gar nicht in der Lage, einen Unterschied zu erkennen.

Aus dem oben genannten Beispiel folgert Dummett, dass vage Prädikate »ihrem Wesen nach widersprüchlich« sind[60] und die Haufenparadoxie diese Widersprüchlichkeit spiegelt. »Der Fehler liegt nicht bei den Prinzipien der Argumentation oder, wie bei unserer früheren Diagnose, dem Induktionsschritt. Die Induktion ist korrekt nach den Regeln, die für vage Prädikate wie ›klein‹ gelten. Doch diese Regeln sind selbst widersprüchlich, und daraus entsteht die Paradoxie. Unser früheres Modell der Logik vager Ausdrücke wird daher nutzlos: Es kann keine solche kohärente Logik geben.«[61]

2.7.3 Die »bittere Pille schlucken« auf dem Prüfstand

Durch Erklärung der Paradoxie und warum es für sie keine Lösung geben kann, wird nicht die subjektive Wahrscheinlichkeit eines Teils der Paradoxie gesenkt. Dieser Lösungstyp zeigt lediglich, woher ihr interner Konflikt rührt und warum Teile der Paradoxie ihre jeweilige subjektive Wahrscheinlichkeit besitzen.

Eine natürliche Reaktion auf diesen Typ vermeintlicher Lösungen ist, dass es sich gar nicht um solche handelt, denn hier wird ja nur die Paradoxie anerkannt. Der Sinn von Lösungen, so die Kritik, bestehe darin zu zeigen, wo in einer Paradoxie der Fehler steckt. Für diese Art von Kritik ist der Zweck einer Lösung der Nachweis, dass die Paradoxie nicht so beunruhigend ist, wie es scheint. Wie Sie im nächsten Abschnitt sehen, fußt diese Annahme – die mindestens bis auf Aristoteles zurückgeht – womöglich auf einer zu optimistischen Sicht der Kohärenz unserer alltäglichen Vorstellungen.

2.8 Welcher Lösungstyp passt wo und wann?

Dieser Abschnitt dürfte strittiger sein als die vorangehenden, denn ich argumentiere hier, dass es mit zunehmender Paradoxität immer unwahrscheinlicher wird, dass sich einer unserer ersten vier Lösungstypen auf eine Paradoxie anwenden lässt. Die oben vorgestellten ersten vier Lösungstypen – mit einem Präventivschlag das Paradoxon zu unterlaufen, einen Teil der Paradoxie als »Blindgänger« zu entlarven, die Argumentation als Holzweg zu enttarnen oder die Existenz der Paradoxie mit einer Picobello-Erklärung zu bestreiten – decken einen (vermeintlichen) Fehler in der paradoxen Argumentation auf und senken die subjektive Wahrscheinlichkeit hinsichtlich dieses Teils. Bei allen – die oberflächlichsten Paradoxien einmal ausgenommen – erweisen sich diese Strategien allerdings als erfolglos. Bei den tiefsten Paradoxien bleiben als einzige gangbare Optionen, eine Umgehung zu wählen oder die bittere Pille zu schlucken, wenngleich diese Lösungstypen häufig als beschränkt kritisiert werden und man sie als »Lösungen« nicht gelten lassen möchte.

Ein induktives Argument für diese Auffassung gebe ich im dritten Kapitel, das einen Abriss historischer Lösungen für Paradoxien bietet und den Schluss nahelegt, dass die Erfolglosigkeit früherer Lösungsversuche nach dem Muster der ersten vier Typen als Indiz dafür genommen werden kann, dass sich daran auch künftig kaum etwas ändern dürfte. Zunächst möchte ich jedoch ein Argument hinsichtlich des Wesens der Vorstellungen anführen, aus denen Paradoxien entstehen. Diese Vorstellungen – alltägliche, umgangssprachlich vermittelte Begriffe wie »Kahlköpfigkeit«, »Wahrheit«, »Wissen«, »Vorhersage« und so weiter – sind das Ergebnis unserer Sprachpraxis, bei der es meist nicht auf Genauigkeit ankommt, die vielmehr Vagheit zulässt und manchmal sogar Widersprüche erlaubt. Für präzisere, weniger fehleranfällige Alltagsvorstellungen wären größere kognitive Fähigkeiten erforderlich, als unsere Spezies benötigt. Tatsächlich ist Widersprüchlichkeit unter unseren Überzeugungen und Glaubensvorstellungen nichts Ungewöhnliches oder Unnatürliches. In Reaktion auf solche Konflikte wird eine Überzeugung häufig zurückgewiesen; in anderen Fällen werden wir uns bewusst, dass es keinen Weg zur Lösung der Gegensätze gibt. Zu Beginn seiner Abhandlung über den Pragmatismus bringt William James diesen Gedanken sehr schön zum Ausdruck:

> Vor einigen Jahren war ich mit einer Gesellschaft in den Bergen. Wie ich nun einmal von einem einsamen Spaziergang zurückkomme, finde ich die ganze Gesellschaft in einem heftigen philosophischen Streit begriffen. Der Gegenstand des Streites war ein Eichhörnchen – ein lebendiges Eichhörnchen, von dem man annahm, dass es sich an eine Seite eines Baumstammes anlehne. Gegenüber, auf der andern Seite des Baumes stand, so stellte man sich vor, ein Mann. Dieser Mann will das Eichhörnchen zu Gesicht bekommen und bewegt sich mit großer Schnelligkeit um den Baum herum, aber wie schnell er auch geht, das Eichhörnchen bewegt sich ebenso schnell in der entgegengesetzten Richtung, der Baum bleibt immer

zwischen beiden, so dass der Mann das Eichhörnchen nicht zu sehen bekommt. Das philosophische Problem, das sich aus der Situation ergab, war nun folgendes: Geht der Mann um das Eichhörnchen herum oder nicht? Zweifellos ist, dass er um den Baum herumgeht, aber geht er auch um das Eichhörnchen herum? In der unbeschränkten Muße des Landaufenthaltes waren die Gründe für und wider bald erschöpft. Jeder hatte Partei ergriffen und blieb hartnäckig bei seiner Ansicht; die Zahl der Streitenden war in beiden Parteien gleich groß, und so appellierten, als ich kam, beide Parteien an mich, damit ich der einen oder der andern zur Majorität verhelfe. Ich erinnerte mich nun an die alte scholastische Lehre, die uns anweist, dort, wo wir einen Widerspruch finden, eine Unterscheidung zu machen, suchte nach einer und fand bald die folgende: »Welche von beiden Parteien recht hat«, sagte ich, »das hängt davon ab, was Sie mit dem Ausdruck ›Um das Eichhörnchen herumgehen‹ tatsächlich meinen. Wenn Herumgehen so viel heißt, als sich vom Norden des Eichhörnchens zum Osten, dann zum Süden, zum Westen und dann wieder zum Norden bewegen, dann geht der Mann um das Eichhörnchen herum, denn er nimmt tatsächlich alle diese Stellungen nacheinander ein. Wenn Sie aber unter Herumgehen eine Bewegung verstehen, infolge deren der Mann zuerst *vor* dem Eichhörnchen, dann rechts von ihm, dann hinter ihm, dann links von ihm und dann wieder vor ihm zu stehen kommt, dann ist es ebenso zweifellos, dass er nicht um das Eichhörnchen herumgeht, denn durch die kompensierende Bewegung des Eichhörnchens kehrt es dem Manne immer seinen Bauch zu und seinen Rücken ab. Machen Sie eine Unterscheidung und es ist kein Grund mehr zu weiterem Streit. Sie haben beide recht oder unrecht, je nachdem Sie »Herumgehen« in dem einen oder andern Sinne auffassen«.

> Obwohl einer oder zwei der leidenschaftlichen Streiter meine Darlegung ein Ausweichen nannten und meinten, sie brauchten keine scholastischen Haarspaltereien, sondern verstünden unter Herumgehen eben das, was der einfache ehrliche Sprachgebrauch darunter verstünde, so war doch die Mehrzahl der Ansicht, dass durch meine Unterscheidung der Streit beigelegt sei.[62]

Manchmal brechen unsere Vorstellungen – wie unser Verständnis von dem, was mit »Herumgehen« gemeint ist – zusammen. Es fehlt ihnen die Genauigkeit, oder sie sind in sich widersprüchlich. Betrachten wir die folgende Wortliste. Ich wette, jeder von Ihnen hat ein intuitives Verständnis von den alltäglichen Ausdrücken auf der Liste. Sie sind gewöhnlich, weil dem alltäglichen Sprachgebrauch normaler Menschen entnommen.

Kästchen 20

> **Beispiele alltäglicher Begriffe**
>
> Kahlköpfigkeit, Lügner, Erwartung, Raum, Vernunft, Wahrheit, Falschheit, Verschmutzung, Wissen, Güte, Glaube, Zeit, Absicht, Vergebung, Schönheit, Hässlichkeit

Ohne sie hätten wir sicher Mühe, im täglichen Leben zurechtzukommen. Jeder der oben aufgeführten Begriffe war jedoch Anlass für die Entstehung mindestens einer Paradoxie – und darunter sind nicht nur seichte Paradoxien, sondern solche wie der Lügner, die schon seit Jahrtausenden bestehen.

Einige Versuche zur Lösung von Paradoxien sind bestrebt, alltägliche Vorstellungen durch alternative Konzepte zu korrigieren, die eine Paradoxie gar nicht erst aufkommen lassen. Ich habe sie Umgehungslösungen getauft und darunter Tarskis Behandlung der Lügnerparadoxie gerechnet. Solche Herangehensweisen mögen dort nützlich sein, wo größere Präzision gefordert ist, aber sie lösen die Paradoxie nicht in dem Sinn auf, dass sie dabei die alltägliche Vorstellung bewahren. »Präventivschläge« lehnen die paradoxe Vorstellung von vornherein als inkohärent ab. Dreht sich die Paradoxie um geläufige Vorstellungen, ergibt es jedoch wenig Sinn, Begriffe über Bord zu werfen, die für unseren Alltag so zentral sind. Andere Lösungen für Paradoxien suchen den Fehler nicht bei unseren alltäglichen Vorstellungen, sondern bei einer der Annahmen der Paradoxie, sie suchen nach dem Blindgänger. Das funktioniert, wie gesehen, dort am besten, wenn es sich um schwache Paradoxien und leicht aufzudeckende Fehler handelt. Wieder andere stellen die Argumentation der Paradoxie infrage und erweisen sie als Holzweg, rühren aber die Begriffe als solche nicht an. Sie stützen sich oft darauf, an der Art zu drehen, wie wir über logische Beweise denken. Im Kern bewahren sie damit zwar unsere alltäglichen Begriffe, dies jedoch auf Kosten unseres intuitiven Verständnisses, wie etwas bewiesen wird. Bei wieder anderen Behandlungen von Paradoxien ist alles »picobello«, denn hier vertritt man die Ansicht, dass die alltäglichen Vorstellungen letztlich gar keine paradoxen Konsequenzen entstehen lassen. Schließlich machen Lösungen, die sich damit begnügen, die »paradoxe Pille« zu schlucken, deutlich, wie wichtig die der Paradoxie zugrunde liegenden Begriffe sind, gelangen aber zu der Überzeugung, dass sich das Paradoxe an ihnen nun einmal nicht vermeiden lässt. Jeder dieser Ansätze hat jedoch wenig anzubieten, wo es um die Lösung der tiefsten philosophischen Paradoxien geht.

Mit unseren Alltagsvorstellungen beschäftigen sich üblicherweise die Kognitionswissenschaft und die Moralpsychologie. Die Zweifel an gewöhnlichen psychologischen Vorstellungen wie zum Beispiel »glauben«, »denken«, »fürchten«, »vorziehen« und die Kontroversen, worauf sich diese Ausdrücke, wenn überhaupt, denn beziehen, reichen mindestens bis zu den Anfängen des Behaviorismus zurück, jener psychologischen Theorie, die eine Beschäftigung mit solchen Vorstellungen als primitiv zurückwies, da sie jeder physikalischen Grundlage entbehrten. Vorstellungen wie »Glaube« und »Wunsch« seien, so urteilte John Watson, einer ihrer Begründer, im Jahr 1930 in einem berühmten Diktum, vergleichbar mit magischen Vorstellungen, nichts weiter als das »Erbe einer furchtsam primitiven Vergangenheit«.[63] Solche Vorstellungen hatten seiner Meinung nach keinen Platz in der Forschung. Vielmehr sollten sich Wissenschaftler auf Phänomene konzentrieren, die sich beobachten und experimentell überprüfen lassen, das heißt auf das Verhalten.

Der mangelnde Konsens unter konkurrierenden Lösungen für Paradoxien legt hinsichtlich anderer alltäglicher Vorstellungen einen ähnlichen Schluss nahe. Obwohl im Alltag nützlich, lässt sich leicht zeigen, dass ihnen die Genauigkeit fehlt und sie letztlich zu Widersprüchen führen. Ob es unser fundamentaler Begriff des Schönen ist, wie viele Haare vonnöten sind, um nicht kahlköpfig zu sein, oder was als wirkliches Wissen zählt: Wenn wir diese Vorstellungen stark genug belasten, werden sie früher oder später nachgeben und zu sehr kontraintuitiven Ergebnissen oder gar Widersprüchen führen. Bedeutet diese Brüchigkeit, dass diese Vorstellungen im alltäglichen Leben weniger nützlich sind? Durchaus nicht. Wenn jedoch – in außerordentlichen Situationen – die Notwendigkeit besserer Konzepte auftaucht, können Ersatzkonzepte die Arbeit leisten, an der unsere alltäglichen Vorstellungen scheitern. »Löst« das die Paradoxien? Nein, aber ich sehe auch nicht, warum das ein Problem sein sollte.

2.9 Schluss

Über Tausende von Jahren haben einige der bedeutendsten Philosophen immer wieder unzählige Seiten über philosophische Paradoxien gefüllt. Die Behauptung, dass unter den Behandlungsweisen solch zeitloser Probleme nichts fehle als der restriktivste Lösungstyp, wird manchem als sehr pessimistische Sicht dieses philosophischen Unterfangens erscheinen. Philosophische Paradoxien sind etwa so alt wie die Philosophie selbst und für viele Philosophen, mich eingeschlossen, so etwas wie gute alte Freunde. Aber wir müssen, wie Aristoteles einst sagte, die Wahrheit unseren Freunden vorziehen. Für viele Paradoxien gibt es keine Lösungen der ersten vier genannten Typen, weil sie aus alltäglichen Vorstellungen entstehen, deren Brüchigkeit sie aufdecken. Wie also sollten Paradoxien aufgelöst werden? Die beste Lösung für alle bis auf die flachsten philosophischen Paradoxien erfordert, die fundamentalen Fehler in den Begriffen und Vorstellungen zu akzeptieren, die sie verursachen. Dann können alternative Konzepte an ihre Stelle treten, mit denen sich einige der misslichen Folgen der ursprünglichen Paradoxien umschiffen lassen. Doch direkte Lösungen in dem Sinn, dass sie auf Irrtümer in der Paradoxie weisen, gibt es nicht. Man kann ein anderes System einführen, in dessen Rahmen sich die Prämissen als falsch erweisen, die Schlussfolgerung als wahr oder die Argumentation als ungültig, aber dieses Konstrukt bedeutet die Schaffung eines Ersatzkonzepts, dass sich von demjenigen, dass zur Paradoxie geführt hat, unterscheidet. Und darin liegt letztlich eine Hinnahme der Paradoxie.

3

DAS VERLORENE PARADOX? ÜBER ERFOLG (UND MISSERFOLG) DER PARADOXIE-LÖSUNGEN

3.1 Einleitung: Aus der Geschichte lernen

»Dass noch kein klassisches philosophisches Problem einschließlich der Haufenparadoxie eine heitere Lösung[64] gefunden hat, bezeugt die Tatsache, dass wir immer noch über jedes von ihnen debattieren.«

Stephen Schiffer[65]

Für unsere Erörterung von Paradoxien ist ein einflussreiches Argument der Wissenschaftsphilosophie von Belang, nämlich dass sich in der langen Geschichte der Wissenschaft die meisten wissenschaftlichen Theorien als falsch erwiesen haben und die Gegenstände, auf die sie sich bezogen, als nicht existent. Auf Grundlage dieser Belege aus der Vergangenheit lässt sich der vernünftige Schluss ziehen, dass die Lehrsätze gegenwärtiger (und künftiger) wissenschaftlicher Theorien falsch sind und ihre postulierten Gegenstände ebenfalls nicht existieren. Der amerikanische Wissenschaftstheoretiker Larry Laudan stellte eine berühmte Liste von empirisch erfolgreichen Theorien auf – das heißt allgemein akzeptierten Vorstellungen und Gedankengebäuden, die gewöhnlich erfolgreiche Vorhersagen trafen –, die schließlich verworfen wurden, nachdem sich ihre theoretischen Begriffe als gegenstandslos erwiesen hatten.[66] Auf der Liste findet sich die Kristallkugel der antiken und mittelalterlichen Astronomie, die Humoraltheorie oder Viersäftelehre der Medizin, die Einflüssigkeitstheorie der statischen Elektrizität, die Katastrophengeologie und ihre Annahme einer universellen Sintflut, die Phlogistontheorie der Hitze, die Vibrationstheorie der Hitze, die Vitalkrafttheorie der Physiologie, die Theorie der zirkulären Trägheit, Theorien der Spontanzeugung, die optische Äthertheorie, die elektromagnetische Äthertheorie und viele mehr.

Mit diesem Argument, das pessimistische Metainduktion genannt wird, lassen sich nicht nur realistische Wissenschaftstheorien kritisieren, die Ausdruck der Überzeugung sind, dass sich die von (wahren) wissenschaftlichen Theorien benutzten Begriffe tatsächlich auf reale Objekte beziehen, sondern auch andere Arten von Theorien, darunter solche, die vermeintliche Lösungen für philosophische Paradoxien anbieten. Nehmen wir zum Beispiel antike Paradoxien wie den Lügner. In den annähernd 2.500 Jahren seit der ersten Erörterung der Lügnerparadoxie gab es zahllose Versuche, eine richtige Auflösung anzubieten. Und obwohl jeder heutige Vertreter einer bestimmten Lösung behauptet, endlich die richtige gefunden zu haben, sperrt sich die Paradoxie hartnäckig weiter gegen jeden Lösungsversuch.

Zudem besteht hinsichtlich der Lösung von Paradoxien noch weniger Konsens als bei konkurrierenden wissenschaftlichen Theorien. Angesichts der vielen Zeit und Mühe, die darauf verwandt wurde, und der Tatsache, dass es solchen Vorschlägen noch schlechter gelang als falschen wissenschaftlichen Theorien, einen Konsens zu erreichen und sich einer korrekten Lösung anzunähern, lautet das plausibelste Fazit über die tiefsten Paradoxien, dass sie ohne klare Lösungen dastehen.

Die pessimistische Metainduktion liefert keine Gründe, warum es für Paradoxien als solche keine Lösungen gemäß unserer ersten vier Kategorien gibt. Noch können die aus dieser Art der Argumentation gezogenen Schlussfolgerungen so zwingend sein wie ein deduktiver Beweis. Allerdings liefert ein solches Argument Gründe für die Annahme, dass eine bestimmte Forschungsstrategie *wahrscheinlich* fruchtlos ist. Wie bei anderen philosophischen Problemen – das Geist-Körper-Verhältnis, die personale Identität und andere Rätsel der Philosophiegeschichte – ist es nicht gelungen, Paradoxien im üblichen Sinn zu »lösen«, sondern es wurden immer nur neue Ansätze ausprobiert. Liefert dieses Versagen entscheidende Gründe für die Ablehnung der ersten vier Lösungstypen für alle bis auf die seichtesten

Paradoxien? Wenn wir mit »entscheidend« die erdrückende Wahrscheinlichkeit meinen, dass solche Lösungen zum Scheitern verurteilt sind, dann ja. Wenn »entscheidend« dagegen im Sinn eines unwiderlegbaren logischen Beweises verstanden werden soll, dann nein. Aber gepaart mit dem am Ende von Kapitel 2 präsentierten Argument, dass schon unsere Alltagssprache Paradoxien geradezu herausfordert, erscheint es mir außerordentlich unplausibel, dass sich solche Lösungen für die tiefsten Paradoxien finden lassen sollten. Dieses Kapitel präsentiert eine pessimistische Metainduktion für Lösungen philosophischer Paradoxien mit Hilfe eines historischen Abrisses ihrer Lösungen. Interessanterweise liefert die pessimistische Metainduktion ein noch stärkeres Argument gegen die Möglichkeit von Lösungen für philosophische Paradoxien als gegen den wissenschaftlichen Realismus. Einige verbreitete Gegenargumente auf diese Fundamentalkritik am wissenschaftlichen Realismus lassen sich nämlich nicht in gleicher Weise gegen ihre Anwendung auf Lösungen philosophischer Paradoxien beziehen.

Zur Verteidigung des wissenschaftlichen Realismus gegen die Kritik der pessimistischen Metainduktion wurde eine Reihe von Einwänden vorgebracht. Die meisten weisen auf den Fortschritt der Wissenschaft und die größere Verlässlichkeit von Theorien bei der Vorhersage von Ereignissen hin. Es gibt jedoch weit weniger merklichen Fortschritt in der Geschichte der Lösungen für Paradoxien. Tatsächlich werden einige der ältesten, die bereits von antike

Philosophen vertreten wurden, bis heute verfochten. Darüber hinaus gibt es bei Lösungen philosophischer Paradoxien nichts Vergleichbares zu der allgemeinen Akzeptanz, die wir bei wissenschaftlichen Theorien beobachten können.

Allerdings könnte zumindest eines der Gegenargumente zutreffen. So wandte Ronald Giere ein, dass die Wissenschaftsphilosophie normativ, nicht deskriptiv sei und daher die Wissenschaftsgeschichte für die Wissenschaftsphilosophie nicht relevant sein könne. Laut Giere müssen Wissenschaftsphilosophen vergangene Theorien kritisieren, und um das zu tun, brauchten sie unabhängige, nichthistorische Gründe.[67] Auf das gegenwärtige Thema bezogen lässt sich ein paralleles Argument für die Relevanz der Geschichte philosophischer Paradoxien anführen. Warum sollte diese traurige Geschichte irgendeinen Anspruch auf Gültigkeit für Lösungen haben, die sich gegenwärtig abzeichnen? Warum sollte das Versagen der Vergangenheit heutigen Lösungen ihre Plausibilität rauben? Ein solcher Einwand wirft eine weitere Frage nach der Rolle des induktiven Beweises in der philosophischen Methodik auf. Allerdings lässt sich ein induktives Argument akzeptieren, ohne der gegenwärtigen Diskussion allzu große Gewalt anzutun, weil es ja die oben angeführten Argumente, mit denen wir auf die Paradoxieanfälligkeit unserer alltäglichen Begriffe verwiesen haben, lediglich zusätzlich stützt.

Dieser Abschnitt gibt eine sehr grobe Skizze der Geschichte der philosophischen Paradoxien vom antiken

Griechenland bis zur analytischen Philosophie der Gegenwart. Es überrascht nicht, dass sie parallel zur Geschichte der Logik und Mathematik verläuft und die goldenen Zeitalter philosophischer Paradoxien mit den Zeiten großer Innovationen in der Logik zusammenfallen. Was den Ursprung der Paradoxie betrifft, so wird Zenon von Elea, Begründer der Dialektik und Erfinder von Paradoxien über Raum und Bewegung, häufig auch das Verdienst angerechnet, der erste Schöpfer von Paradoxien überhaupt gewesen zu sein. Doch lange bevor er seine Paradoxie erfand, lieferte eine Methode der antiken Mathematiker die Grundlage, auf der in Griechenland Paradoxien entstanden. Sowohl Zenon wie später Eubulides von Milet (dem die Erfindung des Lügners zugeschrieben wird), führten Parmenides als wichtigen Einfluss auf ihr Denken an, und beide bedienten sich der Paradoxie, um zu zeigen, dass dessen Lehren nicht stärker gegen die Intuition verstießen als die Vorstellungen seiner Gegner.

Eine weitere goldene Ära war das Mittelalter. Die Philosophen dieser Zeit hegten eine ungezügelte Leidenschaft für unlösbare Rätsel, sogenannte Insolubilien, Paradoxien der materialen und strikten Implikation, und, seltener, Mengenparadoxien.[68] Zudem taten sie etwas, für das sich bei früheren Denkern keine Belege finden: Sie präsentierten konkurrierende Lösungen für Paradoxien und bewerteten sie. Wie in Abschnitt 3.3.2 gezeigt, blieben diese Lösungsversuche letztlich fruchtlos, waren aber sehr anregend.

In der Renaissance erlebten andere Disziplinen zwar eine Wiedergeburt, für Logik und Paradoxie war sie indes eher ein dunkles Zeitalter, deshalb werde ich hier nicht viel Zeit darauf verwenden. In der Renaissance wurden zahlreiche Angriffe gegen die Logik geführt. Die mittelalterlichen Logiktexte, darunter über Insolubilien, wurden ohne große Verbesserungen weiter verwendet, eine Tradition, die sich bis Ende des 19. Jahrhunderts durchhielt. In der Frühphase der wissenschaftlichen Revolution tauchten gewisse Paradoxien bezüglich der Wissenschaftsgeschichte auf, doch trotz der Umbrüche in den Naturwissenschaften, der Mathematik und der induktiven Logik gab es nicht viele bahnbrechende Neuerungen bei der Beschäftigung mit Paradoxien, was diese Zeit zu einem bemerkenswerten Sonderfall in der Geschichte der Paradoxie macht.[69]

Das späte 19. Jahrhunderts brachte mit Entwicklungen wie Georg Cantors Behandlung unendlicher Zahlen und Mengen einen Wendepunkt in Mathematik und Logik. Infolgedessen erwachte ein neues Interesse an Paradoxien, zuerst in der Mengenlehre mit Paradoxen, von denen einige noch an das Mittelalter erinnerten. In dieser Zeit entstanden die bedeutenden mengentheoretischen Paradoxien, denen bald andere folgten. Anfang des 20. Jahrhunderts stieß die Lügnerparadoxie auf frisches Interesse, man beschäftigte sich weiter mit mengentheoretischen Widersprüchen und epistemologischen Antinomien. Über das Ende des 20. Jahrhunderts hinaus bis heute blieb dieses Interesse erhalten. Heute buhlen Entwicklungen wie gradtheoretische Logiken, Fuzzylogik und ähnliche logische Systeme um Vorrang und reklamieren für sich, Lösungen für uralte Paradoxien wie den Lügner und die Haufenparadoxie gefunden zu haben. Im Sinne einer direkten Lösung fand jedoch keine allgemeine Anerkennung.[70]

3.2 Von *doxa* zu *paradoxa:* Zum Ursprung der Paradoxie in der westlichen Philosophie

Sie haben dir ein Grab eingerichtet, o Heiliger und Hoher.
Die Kreter sind immer Lügner, wilde Tiere, faule Bäuche.
Aber du bist nicht tot, du lebst und bleibst für immer ...

Epimenides (ein Kreter), »Cretica«

Gemeinhin werden die ersten philosophischen Paradoxien dem griechischen Philosophen Zenon von Elea zugeschrieben, der im vierten Jahrhundert v. u. Z. seine berühmten Argumente über Raum, Bewegung und Vielheit aufstellte. Darin steckt zweifellos ein Körnchen Wahrheit, aber ein umfassenderes Bild gewinnt man, wenn man die Entstehung der Paradoxie in einem breiteren Kontext sowohl innerhalb wie außerhalb der Philosophie ansiedelt. Lange bevor Zenon seine Argumente über Achilles und die Schildkröte, den Pfeil, die Rennbahn, das Stadion und andere vortrug, wurde in der antiken Mathematik die Methode des indirekten Beweises eingeführt. Außerdem benutzte Xenophanes – wohl der Mentor von Zenons Lehrer Parmenides – eine ähnliche Argumentationsstruktur in seiner Kritik der theologischen Ansichten Homers und anderer Autoren. Ein sorgfältiges Studium der Ursprünge der Paradoxie offenbart, dass es nicht nur Vorläufer für und Einflüsse auf Zenons Argumente gab, sondern auch, dass die Alten in mancher Hinsicht erfolgreichere Herangehensweisen an die Paradoxie hatten als zeitgenössische Philosophen, die den Fokus auf die Aufstellung paradoxieresistenter logischer Systeme legen.

Die ersten Vertreter dessen, was heute als philosophische Paradoxie gilt, hatten ein etwas anderes Verständnis ihres Sinns. Zenons Argumente zum Beispiel waren nicht als Paradoxien gedacht, zumindest kaum in der Weise, wie das Wort heute verstanden wird. Laut unseren zwei üblichen Definitionen, die oben angeführten von Sainsbury und Rescher, nehmen Paradoxien die Form demonstrativer Beweise an. Für Sainsbury ist eine Paradoxie eine unannehmbare Schlussfolgerung, die aus scheinbar wahren Prämissen durch einen scheinbar annehmbaren Gedankengang entsteht; für Rescher ist sie ein Argument mit scheinbar wahren Prämissen und scheinbar guter Argumentation, das zu einer offenkundig falschen oder widersprüchlichen Schlussfolgerung führt. Zenon andererseits präsentiert indirekte Beweise, bei denen eine Annahme aufgestellt wird, um dann einen Widerspruch abzuleiten, wodurch die Annahme als falsch erwiesen wird.

Aufgrund der intuitiven Kraft ihrer negativen Demonstrationen wurden die frühesten Paradoxien häufig mit der dialektischen Methode in Verbindung gebracht. Dabei handelt es sich um eine Art der Argumentation, bei der eine Aussage bewiesen wird, indem man ihr Gegenteil annimmt und eine unannehmbare Folge ableitet. Zenon von Elea bediente sich häufig der dialektischen Methode, und tatsächlich war er es, dem Aristoteles ihre Einführung in die Philosophie zuschrieb.[71]

Der antike Ausdruck, von dem sich »dialektisch« ableitet, diente als erster technischer Begriff für Logik.[72] Das altgriechische Wort, von dem das Wort »Logik« abgeleitet ist, wurde dagegen nicht vor dem dritten Jahrhundert u. Z. zur Bezeichnung des Studiums des rationalen Schlussfolgerns benutzt. Die früheste, vorlogische Bedeutung von »Dialektik« war »erörtern«. Später nahm das Wort eine Reihe eng verwandter technischer Bedeutungen an, bei denen es stets um Widerlegung ging. In einem Sinn bezeichnete die »Methode der Dialektik«, was später *Modus tollens* genannt wurde, eine Schlussregel, mit der von »wenn P, dann Q« und »nicht Q« auf »nicht P« geschlossen werden kann. Zu spezifischeren Verwendungen gehörten die Methoden der *Reductio ad impossibile*, die Herleitung eines Widerspruchs aus einer Prämisse, und die *Reductio ad absurdum*, die Ableitung einer widersinnigen Folge aus einer gesetzten Prämisse. Bei all diesen Methoden demonstriert eine unannehmbare Folge die Widerlegung einer Aussage. Anders als bei ihrem Gegenstück, der beweisenden Schlussfolgerung (bei der die Prämissen bekanntermaßen wahr sind und sich eine wahre Schlussfolgerung aus ihnen ableitet), wird bei der dialektischen Schlussfolgerung eine Prämisse gesetzt, und wenn sich daraus eine unannehmbare Folge ableitet, so ist diese beweiskräftig widerlegt.

Zenon benutzte die dialektische Methode, um die Annahmen jener zu kritisieren, die gegen die Auffassung des Parmenides lästerten, dass »alles Seiende eins ist«. In Platons Dialog »Parmenides« demonstriert Zenon mit derselben Methode wie Parmenides' Kritiker, dass aus deren Annahme, alles Seienden bestehe aus Vielheit, noch lächerlichere Konsequenzen folgen würden.[73] Nehmen wir zum Beispiel irgendeinen Gegenstand, von dem wir normalerweise annehmen würden, dass er aus vielen Teilen besteht, wie die folgende Linie:

Kästchen 21

Eine unterteilte Linie

<..>

Eine Linie wird als unendliche Zahl von Punkten gedacht. Aber wenn das so ist, welche Länge kann dann jeder einzelne Punkt aufweisen? Wenn jeder Punkt eine extrem geringe, endliche Länge hat, so wäre die Linie unendlich lang, weil die Linie aus einer unendlichen Zahl von Punkten zusammengesetzt ist. Wenn jeder Punkt jedoch keine Länge hätte, so hätte auch die Linie keine Länge, da jedes seiner

Streckenteile eine Ausdehnung von 0 besäße. Daraus scheint zu folgen, dass uns unsere übliche Annahme über Vielheiten wie Punktlinien zu zwei gleichermaßen absurden Schlussfolgerungen führen: dass Linien unendlich lang sind, oder überhaupt keine Länge besitzen.

Diesen Argumentationstyp wendet Zenon auch auf Größe an. Lesen wir, in Hegels Übersetzung, wie der spätantike griechische Philosoph Simplikios Zenons Argumentation beschreibt:

> Wenn das Seiende ist, so hat notwendig jedes Größe und Dicke (Ausdehnung), ist außereinander; eins steht von dem andern ab. Und von dem Weiteren (*peri tou prouchontos*) gilt dasselbe, denn auch dies hat Größe, und in ihm ist gegeneinander Verschiedenes (*proexei autou ti*). Es ist aber dasselbe etwas einmal sagen und es immer sagen; nichts von ihm wird ein Letztes sein, noch wird nicht sein ein Anderes zu einem Anderen. Wenn Viele sind, so sind sie klein und groß: klein, dass sie keine Größe haben, – groß, dass sie unendlich sind.[74]

Simplikios schreibt zwar, dass Zenon zu dem Schluss komme, Vielheiten hätten *sowohl* eine unendliche als überhaupt keine Größe, doch die aus dieser Argumentation zu ziehende Folgerung ist doch eine etwas andere. Zenon nimmt die Annahme, dass es eine Vielheit gebe, und leitet daraus keinen Widerspruch, sondern eine Absurdität ab, nämlich dass es *entweder* eine unendlich große Ansammlung von Dingen gibt *oder* überhaupt keine Größe. Wenn es eine Vielheit von Dingen gibt, dann wird jedes davon aus anderen, kleineren zusammengesetzt sein und so weiter ad infinitum. Wenn aber jedes Ding dieser unendlichen Ansammlung von Dingen keine Größe hat, wird alles nichts sein, und folglich wird eine Pluralität von Dingen keine Ausdehnung besitzen. Doch wenn die Vielheit eine Größe hat, so muss sie, weil es unendlich viele Teile der Pluralität gibt, unendlich groß sein. So folgerte Zenon, dass es keine Vielheit des Seienden gibt. Das Seiende ist eins. Ausgehend von der Annahme, es gebe eine Vielheit, leitet Zenon die Folgerung ab, dass es unendlich groß oder von keiner Ausdehnung sein müsse. Weil beide dieser Optionen absurd sind, zieht er den Schluss, dass es keine solche Vielheit gibt.

Zenon wandte seine dialektische Methode auch auf die Bewegung an. Bei Achilles und der Schildkröte beginnt Zenon mit der gewöhnlichen Vorstellung von Bewegung und zeigt dann, wie daraus ein Widerspruch folgt. Obwohl Achilles schneller als die Schildkröte ist, kann er sie im Wettrennen nie einholen. Wenn die Schildkröte mit einer Nasenlänge vor Achilles ins Rennen geht, muss dieser von seinem Startpunkt erst zu dem Punkt gelangen, von dem die Schildkröte losgelaufen ist. Während er das tut, hat sich die Schildkröte wieder eine kleine Spanne von ihrem Ausgangspunkt fortbewegt. Achilles muss nun wieder zu diesem weiteren Punkt gelangen. Aber in der Zeit, wo er das unternimmt, hat sich die Schildkröte stetig weiterbewegt. Und so weiter. Weil sich die Schildkröte ständig bewegt, ist sie schon wieder weitergekommen, wenn Achilles ihren alten Standpunkt erreicht, so langsam sie auch sein mag. So kann Achilles die Schildkröte niemals einholen.

In ihrer Darstellung der Argumentation ziehen Kommentatoren wie Aristoteles und Simplikios eine Verbindung zwischen Achilles und der Schildkröte und einer weiteren Argumentation Zenons, der Rennbahn oder Dichotomie (Zweiteilung). Bei der Rennbahn lautet die Schlussfolgerung, dass ein Läufer nicht von A nach B gelangen kann, da er dazu eine unendliche Zahl von »Wegen« unternehmen müsste. Die Verbindungslinie zwischen A und B ist unendlich teilbar; daher muss der Läufer, der von A nach B gelangen will, eine unendliche Zahl von Punkten passieren. Und weil es unmöglich ist, eine unendliche Zahl von Wegstrecken zurückzulegen, kann niemand von A nach B gelangen. Aristoteles sieht die Verbindung zwischen beiden Argumenten wie folgt:

> Das Langsamste kann in seinem Lauf vom Schnellsten niemals eingeholt werden. Denn der Verfolger muss, bevor es zum Überholen kommen soll, erst einmal den Punkt erreicht haben, an dem der Verfolgte gestartet war (ein Verhältnis, das sich dauernd fortsetzt), so dass der Langsamere dauernd einen gewissen (wenn auch abnehmenden, so doch nie zu Null werdenden) Vorsprung behalten muss. Auch dieses Theorem ist im

> Grund wieder das (obige) Teilungstheorem, nur dass es sich hier nicht um fortlaufendes Halbieren der Strecke, die hier immer neu hinzukommt, handelt. Die These von der Nichteinholbarkeit des Langsameren gibt sich zwar als Resultat aus der angegebenen Begründung, kommt aber in Wahrheit aus derselben Quelle wie das Teilungstheorem – denn in beiden Fällen geht es um die angebliche Unerreichbarkeit des Wegzieles infolge einer Art Teilung der zu durchlaufenden Wegstrecke, nur kommt im zweiten Theorem noch als Besonderes die Steigerung hinzu, dass selbst das, was die Dichtung als Ausbund der Geschwindigkeit feiert, bei der Verfolgung des Langsamsten sein Ziel nicht zu erreichen vermag …[75]

In beiden Paradoxien wird die Vorstellung unendlicher Teilbarkeit benutzt, um den Schluss zu ziehen, dass Bewegung unmöglich sei. Weil die Schildkröte sich langsamer bewegt als Achilles, wird die Entfernung zwischen beiden zunehmend kleiner. Doch weil sich die Schildkröte beständig um ein geringes Maß weiterbewegt, wird sie immer ein kleines Stück über ihre letzte Position hinausgelangen. Der Unterschied zwischen den Positionen der Schildkröte und Achilles' wird immer kleiner, erreicht aber nie null. Ähnlich bei der Dichotomie, weil die »Wege«, die jemand zurücklegen muss, um von A nach B zu gelangen, unendlich viele sind, kann ein Läufer anscheinend nie alle diese Wegstrecken zurücklegen.

In der Pfeilparadoxie Zenons bewegt sich wieder etwas durch den Raum. Dieses Mal ein Pfeil, mit dessen Hilfe Zenon einen verborgenen Widerspruch in der Annahme der Bewegung aufdecken möchte. Etwas ruht, so Zenon, wenn es einen Ort von derselben Ausdehnung wie es selbst einnimmt. Nehmen wir an, der Pfeil bewege sich durch den Raum. Zu jedem gegeben Augenblick wird der Pfeil einen Ort von seiner eigenen Ausdehnung einnehmen. Also befindet sich der Pfeil zu jedem Zeitpunkt im Ruhezustand. Und weil die Zeit, die der Pfeil benötigt, um sich durch den Raum zu bewegen, aus solchen Augenblicken besteht, wird sich der Pfeil stets im Ruhezustand befinden. Weil der Raum aus einer Serie von Punkten besteht, wird der Pfeil auf seinem Weg von A nach B durch diese Punkte fliegen. Aber an jedem Ort nimmt der Pfeil einen Raum von seiner eigenen Ausdehnung an. Auf jedem Punkt ruht er also.

Zenon bedient sich der dialektischen Methode auch bei seiner weniger bekannten und weniger geglückten Paradoxie des Stadions. Im Stadion finden wir eine Anordnung aus drei Reihen von Blöcken, wobei die erste Reihe ruht und die anderen beiden sich mit gleicher Geschwindigkeit in entgegengesetzten Richtungen an der ersten vorbeibewegen. Zenon meint hier nun zu zeigen, dass die Zeit, die eine der sich bewegenden Blockreihen benötigt, um an der anderen vorbeizuziehen, zugleich das Doppelte wie die Hälfte beträgt. Betrachten wir die Reihen A, B und C und die Enden des »Stadions« D und E:

Kästchen 22

Zenons Stadion

```
                    A A A A
D                         B B B B →                E
               ← C C C C
```

Reihe A ruht, während sich die Reihen B und C mit gleicher Geschwindigkeit in entgegengesetzte Richtungen bewegen. Reihe B beginnt auf mittlerer Höhe von Reihe B und bewegt sich auf E zu. Reihe C beginnt ebenfalls in der Mitte von A und bewegt sich Richtung D. Während sie aneinander vorbeiziehen, wird das erste C alle vier B's in derselben Zeit passieren wie das erste B benötigt, um an nur zwei A's vorbeizuziehen. Daraus folgert Zenon, dass, obwohl B und C sich mit vermeintlich gleicher Geschwindigkeit bewegen und gleiche Entfernungen zurücklegen, C mehr Punkte passiert hat als B.

Offenbar wurde bereits von frühen Kommentatoren die Schwäche der Argumentation erkannt. Aristoteles bemerkt in seiner Physik: »Der Fehler liegt dabei aber darin, dass Zenon annimmt, dass die an einer ebenfalls fahrenden Gruppe entlangfahrende Gruppe und die an einer gleichgroßen ruhenden Gruppe entlangfahrende Gruppe bei gleicher Geschwindigkeit (für das Vorbeifahren) die nämliche Zeit brauchen.«[76] Simplikios bringt einen ähnlichen

Einwand vor: »Der Fehler liegt in der unberechtigten Annahme, dass Bewegungen entlang von Körpern gleicher Größe dieselbe Zeit benötigen, ohne die zusätzliche Tatsache zu berücksichtigen, dass von den gleichen Körpern einige sich in die entgegengesetzte Richtung bewegen und andere stationär sind.«[77] Obwohl Zenons Stadion als Argument weit weniger interessant ist als seine anderen, illustriert seine Argumentationslinie auch hier wieder, dass es ihm vor allem darum geht, eine Annahme zu nehmen – in diesem Fall über Bewegung – und zu zeigen, dass daraus ein Widerspruch resultiert.

Die dialektische Methode wird bei vielen von Zenons Argumenten sehr wirkungsvoll eingesetzt, und Xenophanes nutzte zuvor bereits eine ähnliche Methode in seiner Kritik der Homerischen Auffassung vom Wesen der Götter. Theophrastos zum Beispiel schildert Xenophanes' Kritik am Polytheismus wie folgt: »Es ist natürlich, dass Gott eins sei, denn wenn es zwei oder mehr gäbe, wäre er nicht der Mächtigste und Vortrefflichste von allen. ... Gäbe es also mehrere Wesen, einige stärker, die anderen schwächer, wären sie keine Götter; denn es entspricht nicht dem Wesen Gottes, beherrscht zu werden. Noch hätten sie das Wesen Gottes, wenn sie gleich wären, denn Gott sollte der Mächtigste sein.«[78] Der letzte Teil des Zitats gibt Xenophanes' Auffassung wieder, dass es, gäbe es mehr als einen Gott, mindestens einer darunter wäre, der weniger mächtig ist als ein anderer. Und weil es zum Wesen Gottes gehört, das mächtigste Wesen zu sein, kann es nicht mehr als einen

Gott geben. Dabei benutzt er hier die Schlussfigur des *Modus tollens* der klassischen Logik: Wäre der Polytheismus richtig, so argumentiert er, würde dies zu einer falschen Konsequenz führen, daher kommt er zu dem Schluss, dass der Polytheismus eine irrige Vorstellung ist.

Xenophanes zeigt laut Theophrastos, dass Gott ohne Anfang sein müsse,

> denn alles Werdende muss entweder aus Gleichem oder Ungleichem entstehen; doch, sagt er, es ist [bei Gott] nicht natürlicher zu glauben dass Gleiches Gleiches erzeuge als das Gleiches aus Gleichem geboren werde; doch wenn es aus Ungleichem entsprungen sei, dann wäre es dem Nichtseienden entsprungen. … Denn selbst wenn aus Schwächerem das Stärkere oder aus Kleinerem das Größere oder aus Schlechterem das Bessere oder umgekehrt das Schlechtere aus dem Besseren entspränge, so würde Nichtseiendes aus Seiendem entspringen, was unmöglich ist. Daher ist Gott ewig.[79]

Hier argumentiert Xenophanes, dass Gott ewig sein muss (ohne Anfang). Wenn es der Fall wäre, dass Gott einen Anfang hat, so würden daraus gewisse unplausible Konsequenzen folgen. Eine davon ist, dass dazu »Gleiches aus Gleichem geboren« werden müsste, und dass kann im Falle eines Gottes nicht sein, wohl weil Gott das Seiende selbst ist. Oder er müsste Ungleichem entsprungen sein. Da Gott für Xenophanes aber das Seiende ist, hätte das bedeutet, dass er dem Nichtseienden entsprungen wäre. Beides kann aus Sicht des Xenophanes offenkundig nicht sein. Daher ist Gott ewig, ohne Anfang und Ende. Wenn man Xenophanes als Philosoph und nicht nur als Dichter betrachtet, so verdankt sich die Einführung der Dialektik in die Philosophie ihm oder jemand, der noch vor ihm lebte.

In einem berühmten Gedicht benutzt Parmenides – der Schüler des Xenophanes und Mentor Zenons – einen ähnlichen Kunstgriff, um zu argumentieren, dass das Seiende ewig sei. Er schreibt:

> So bleibt nur noch Kunde von einem Wege, dass es ein Sein gibt. Darauf stehn gar viele Merkphäle: weil ungeboren, ist es auch unvergänglich, ganz, eingeboren, unerschütterlich und ohne Ende. Es war nie und wird nicht sein, weil es allzusammen nur im Jetzt vorhanden ist, eins und und [*sic*] unteilbar. Denn was für einen Ursprung willst Du für das Seiende ausfindig machen? Wie und woher sein Wachstum? < *Weder aus dem Seienden kann es hervorgegangen sein; es gab ja kein anderes Sein vorher* >, noch kann ich Dir gestatten, *seinen Ursprung* aus dem Nichtseienden auszusprechen oder zu denken. Denn es ist unaussprechbar und unausdenkbar, wie es nicht vorhanden sein könnte. Welche Verpflichtung hätte es denn auch antreiben sollen, früher oder später aus dem Nichts zu beginnen und zu wachsen? So muss es also entweder auf alle Fälle oder überhaupt nicht vorhanden sein. …[80]

Wie Xenophanes für einen zeitlosen Gott, so argumentiert Parmenides für ein überzeitlich Seiendes, weil aus der Idee, das Seiende sei in der Zeit, Absurdes folgt. So wurde die dialektische Methode der Argumentation sowohl von Zenons Lehrer Parmenides wie von dessen Lehrer Xenophanes benutzt. Es ist plausibel anzunehmen, dass die ersten westlichen Paradoxien, die eine ähnliche dialektische Methode verwenden, zum Teil auf solch früheren Argumenten fußten.

Eine weitere Inspirationsquelle Zenons waren wahrscheinlich die Pythagoreer und ihre Verwendung der dialektischen Methode als mathematischer Beweis. Ein Beispiel für einen solchen Beweis ist, dass die Quadratwurzel von 2 irrational ist. Die Pythagoreer argumentierten dazu wie folgt: Nehmen wir an, die Quadratwurzel aus 2 sei rational. Das heißt angenommen, es gibt zwei teilerfremde natürliche Zahlen, n und m, sodass n/m = Quadratwurzel von 2. Anders ausgedrückt: $n^2 = 2m^2$. Wenn dem so ist, dann müssen, weil eine Quadratzahl keinen Primfaktor haben kann, der nicht auch ein Faktor der Zahl ist, von der sie das Quadrat ist, n^2 und n gerade sein. Aber unserer ersten Annahme zufolge sind n und m teilerfremd, wenn n daher gerade ist, muss m ungerade sein. Angenommen $n = 2k$, erhalten wir $2m^2 = 4k^2$ oder $m^2 = 2k^2$, dann können wir durch Wiederholung desselben Beweises zeigen, dass m gerade ist. Daher muss n zugleich ungerade und gerade sein. Aus der Annahme, die Quadratwurzel von 2 sei rational, haben wir einen Widerspruch abgeleitet. Daher ist die Quadratwurzel von 2 irrational.

Wie dieser Beweis zeigt, benutzten die Pythagoreer bereits eine Methode, die ganz ähnlich derjenigen war, die Zenon für seine Beweise verwendete. Der Beweis beginnt mit der Annahme, dass die Quadratzahl von 2 rational sei, und leitet dann einen Widerspruch ab. Zenon, der sich mit den Pythagoreern einen langen Ideenkrieg lieferte, benutzte ihre eigenen Methoden, um zu zeigen, dass die pythagoreischen Vorstellungen über den Raum falsch waren. In Platons Dialog »Parmenides« zum Beispiel erklärt Zenon den Zweck seiner heute verlorenen Schrift dem jungen Sokrates:

> [I]n Wahrheit ist sie [meine Schrift] dazu bestimmt, eben dem Satze des Parmenides zu Hilfe zu kommen gegen diejenigen, die glauben, ihn lächerlich machen zu können, indem sie meinen, der Satz, es gebe nur Eines, verwickle sich notwendig in vielerlei Ungereimtheiten und Widersprüche mit sich selbst. Eben deshalb wendet sich also diese Schrift gegen diejenigen, die da vielmehr behaupten, es gebe Vieles, und gibt ihnen jene ihre Vorwürfe in noch verstärktem Maße zurück, indem sie zu zeigen sucht, dass ihre Voraussetzung, es gebe Vieles, noch weit größere Ungereimtheiten nach sich zieht, wenn man ihr nur gehörig zu Leibe geht, als die, es gebe nur Eines.[81]

Es ist zwar nicht geklärt, auf wen sich Zenon in dieser Passage bezieht, aber es ist recht plausibel, dass er die Pythagoreer meinte. Weil Parmenides mit dem Pythagoreer Ameinias, Sohn des Diochaitis, in Beziehung stand, der sich einer dialektischen Methode ähnlich den Pythagoreern bediente, dürfte es irgendeine Art von Verbindung gegeben haben. Zenon, der bereits Bekanntschaft mit den kritischen Methoden von Xenophanes und Parmenides ebenso wie mit der Arbeit der Pythagoreer gemacht hatte und dem natürlich bewusst war, dass ein Haupteinwand gegen Parmenides' Auffassung darin bestand, dass sie der Intuition widersprach, wendete die Methode des indirekten Beweises gegen die pythagoreische Lehre von der Vielheit. Die ersten Paradoxien waren also Versuche zu zeigen, dass scheinbar unmittelbar einleuchtende Vorstellungen über Raum, Bewegung und Vielheit gar nicht so selbstverständlich waren. Sie taten dies, indem sie sich genau derjenigen Beweismethode bedienten, die auch jene Philosophen benutzten, die Parmenides' Auffassungen als kontraintuitiv kritisierten.

Die Auffassung, dass Veränderung eine Illusion ist, widerspricht deutlich der Intuition und wurde von anderen philosophischen Schulen verspottet. Verständlich also, dass Zenon Argumente vortrug, die geeignet erschienen, Ansichten der Kritiker des Parmenides als ebenso kontraintuitiv hinzustellen. Die intuitive Eingängigkeit verschiedener Positionen war also ein einflussreicher Faktor in der Entwicklung der philosophischen Paradoxie. Weil Paradoxien Argumente mit *scheinbar* wahren Prämissen und *offenkundig* falschen oder widersprüchlichen Schlussfolgerungen sind, treiben sie ein Spiel mit unserer Intuition. Paradoxien laden uns ein, unsere intuitiven Gewissheiten über alltägliche Vorstellungen wie Wahrheit, Kahlköpfigkeit, Bewegung und Ähnliches zu hinterfragen. So ist es plausibel anzunehmen, dass die Absicht hinter den ersten Paradoxien darin bestand, aufzuzeigen, dass scheinbar selbstverständliche Auffassungen über Raum und Bewegung zu äußerst kontraintuitiven Schlüssen führten. Zenon zeigte, dass gesunder Menschenverstand – *eudoxa* auf Altgriechisch – zu Paradoxie führt – *paradoxa*, wörtlich »entgegen« oder »jenseits« der üblichen »Meinung« oder »Erwartung«.

Intellektuelle Auseinandersetzungen, theologische Argumente, antike Mathematik und Zenon selbst, all das gehört zur Geschichte der Ursprünge der Paradoxie in der westlichen Philosophie. In seiner Verteidigung der Auffassung seines Mentors Parmenides gegen den Vorwurf widersinniger Schlussfolgerungen bediente sich Zenon der dialektischen Methode. Er argumentiert um damit die Leugnung von Parmenides' Überzeugung, alles sei Eines, mit Hilfe eigener Schlussfolgerungen über die Vielheit anzugreifen, die der Intuition noch weit mehr widerstrebten.

3.3 Alternative Lösungskonzepte von A(ristoteles) bis Z(enon) und darüber hinaus

Was wir heute Paradoxien nennen, waren für Zenon Argumente, die bewiesen, dass die Annahmen der Kritiker des

So ist es plausibel anzunehmen, dass die Absicht der ersten Paradoxien darin bestand, aufzuzeigen, dass scheinbar selbstverständliche Auffassungen über Raum und Bewegung zu äußerst kontraintuitiven Schlüssen führten.

Parmenides zu genauso vielen absurden Schlussfolgerungen führten wie die kontraintuitive Parmenidischen Auffassungen, dass alles Seiende eins sei oder Veränderung eine Illusion. So beginnen die ersten Lösungen für Paradoxien auch nicht mit Zenon. Wenn wir Eubulides betrachten, dem manchmal die Erfindung des Lügners zugeschrieben wird, finden wir auch hier, dass Paradoxien nicht mit der Absicht geschaffen wurden, gelöst zu werden, sondern als Kritik einer allgemeinen Annahme, in diesem Fall, dass die Welt aus einer Vielheit von Dingen bestehe.[82]

Höchstwahrscheinlich haben wir Aristoteles die ersten geläufigen Lösungen für Paradoxien zu verdanken. Der griechische Philosoph trat nicht nur mit einer Methode zur Kritik von Argumenten hervor, zu der die Aufdeckung falscher Prämissen gehörte, sondern er vertrat in seinen »Widerlegungen« auch die Meinung, dass der Anschein von Wahrheit im fehlerhaften Teil der Argumentation in der »Lösung« erklärt werden müsse. Auch sonst hatte Aristoteles viel über die zu seiner Zeit diskutierten Paradoxien zu sagen, vor allem diejenigen Zenons und die Lügnerparadoxie. Seine Lösungen und jene späterer Philosophen waren meist aus denselben Gründen wenig erfolgreich. Betrachtet man im großen Bogen die Geschichte solch philosophischer Behandlungen, stößt man durch die Zeitalter hindurch bei verschiedenen Paradoxien immer wieder auf die gleichen oder zumindest ähnliche Ansätze.

Typisch für glücklose Lösungsversuche ist zum Beispiel, dass sie der Paradoxie nicht mehr ausweichen können, wenn diese etwas anders formuliert wird (zum Beispiel Verneinung der Bivalenz beim Lügner, aber nicht des Satzes vom ausgeschlossenen Dritten). Diese Muster des Scheiterns sind nützlich, insofern sie Belege für die oben angeführte pessimistische Metainduktion liefern, also für unser Argument, dass wir aus dem Versagen früherer Lösungen gewisse Rückschlüsse auf die Erfolgsaussichten von Paradoxielösungen insgesamt ziehen können. Zudem mag die Kenntnis dieser Geschichte denjenigen, die sich künftig an der Lösung von Paradoxien versuchen, dabei helfen, einige dieser Fallstricke zu vermeiden.

3.3.1 Aristoteles und der Ursprung von Paradoxielösungen

> Man kann beim Disputieren nicht die Dinge selbst hernehmen, sondern gebraucht statt ihrer, als ihre Zeichen, die Worte. Daher glaubt man dann, was für die Worte gilt, müsse auch für die Dinge gelten, wie wenn man rechnete und es mit Rechensteinen zu tun hätte. Aber hier fehlt die Gleichheit. Die Worte als ebenso viele Begriffe sind der Zahl nach begrenzt, die Zahl der Dinge aber ist unbegrenzt. Darum muss derselbe Begriff und ein und dasselbe Wort gleichzeitig eine Vielheit von Dingen bezeichnen.
>
> Wie darum in dem gedachten Beispiele diejenigen, die mit den Rechensteinen nicht umzugehen wissen, von den Kundigen betrogen werden, ebenso machen auch bei den Begründungen die der Wortbedeutungen

> Unkundigen Fehlschlüsse, mögen sie nun selbst disputieren oder anderen dabei zuhören. Aus diesem und anderen, noch zu nennenden Gründen also gibt es Schlüsse und Widerlegungen, die solche scheinen, ohne es zu sein.
>
> Aristotels, *Sophistische Widerlegungen*[83]

Erörterungen philosophischer Paradoxien finden sich im erhaltenen Werk des Artistoteles hauptsächlich in den *Widerlegungen* und der *Physikvorlesung*. Im erstgenannten Werk scheint er den Begriff »Paradox« recht locker zu benutzen, manchmal meint er eine unannehmbare Folgerung damit, ein andermal ein falsches Argument. Wie seine Behandlung des Lügners und der Paradoxien Zenons außerdem zeigt, verstand er Paradoxien nicht etwa als eigene Kategorie von Argumenten, sondern schlicht als Fehlschlüsse. Der Trick, einen Gegner dazu zu bringen, ein Paradoxon zu äußern, ist für Aristoteles eine Methode der Sophisten, um sich als weise zu präsentieren. Aristoteles gab dem Streitredner eine Anleitung an die Hand, wie dies am besten zu bewerkstelligen sei:

> Um hinwiederum paradoxe Behauptungen zu veranlassen, muss man sehen, aus welcher Schule der Gegner ist, und dann nach solchen Meinungen der Schule fragen, die der Menge paradox erscheinen. Denn in jeder Schule finden sich dergleichen. Das Wesentliche ist hier, dass man die Aufstellungen der jeweiligen

> Schulen in die Vordersätze bringt. Aber auch die entsprechende Lösung entspringt hier aus dem Nachweis, dass der angeführte Grund keine Paradoxie beweist, was der Streitende ja immer dartun will.[84]

Es ist unklar, ob Aristoteles in dieser Passage mit »paradoxe[n] Behauptungen« so etwas meint wie wir hier, wenn wir paradox sagen. Unter einer »Lösung« verstand er offenbar den Nachweis, dass die Paradoxie nichts mit dem in Rede stehenden Thema zu tun hat.

Sophistische Widerlegungen ist Aristoteles' Hauptwerk über logische Fehlschlüsse und die Wege zu ihrer Aufdeckung. Es gibt für ihn vier Typen von Syllogismen: 1.) beweisende Schlüsse, die von wahren ersten Prämissen ausgehen; 2.) dialektische Schlüsse, die von allgemeinen Überzeugungen ausgehen; 3.) falsches »eristisches« Argumentieren, das dialektische und manchmal so genannte »endoxisch« genannte Argumentationen nur vortäuscht; und 4.) falsche Argumente, die demonstrative Argumentationen simulieren. Diese entstehen aus falschen wissenschaftlichen Prämissen. Aristoteles Hauptangriffsziel ist die Verwendung eristischer Argumente durch die Sophisten. Die Widerlegung der Begründung einer falschen, nur vorgespiegelten dialektischen Argumentation erfordert zweierlei: Erstens muss die Widerlegung erklären, wie es dem Argument gelingt, die korrekte Form der Argumentation vorzutäuschen; zweitens muss sie erklären, warum das Argument auf den ersten Blick überzeugend wirkt.[85]

Aristoteles konzentriert sich bei seiner Anleitung zur Widerlegung sophistischer Argumente zwar nicht ausschließlich auf philosophische Paradoxien, er greift dabei aber auf seine eigenen Richtlinien zur Behandlung von Zenons Paradoxien und des Lügners zurück. Für Aristoteles ist der Lügner ein Beispiel für einen Fehlschluss, der als *fallacia secundum quid et simpliciter* bezeichnet wird, das heißt die Verwechslung von dem, was in bestimmter Hinsicht gilt (*secundum quid*), und dem, was absolut gilt (*simpliciter*). In den *Widerlegungen* behandelt Aristoteles die Lügnerparadoxie als analog zu einem weniger bekannten Paradoxon, dem Eidbrecher, der schwört, eidbrüchig zu werden:

> Sodann braucht der, der dieses und insoweit wahr schwört, nicht schlechthin wahr zu schwören. Wer z. B. geschworen hat, falsch zu schwören, schwört mit seinem Falschschwur nur insoweit wahr, nicht aber überhaupt. Und wer nicht glaubt, glaubt nur in einem einzelnen Punkt.
>
> Es ist derselbe Schluss, wenn einer zugleich Falsches und Wahres sagen soll. Weil man aber nicht leicht sehen kann, was von beiden schlechthin gelten soll, ob dass man Wahres, oder ob dass man Falsches aussagt, so erscheint der Fall schwierig. Aber es steht nichts im Wege, dass ein und derselbe Mensch schlechthin lügenhaft, aber beziehentlich und bei einer Aussage wahrhaftig ist, und dass er wahrhaft ist bei bestimmten Aussagen, schlechthin wahrhaft aber nicht.[86]

Für Aristoteles hält der Eidbrecher seinen Schwur, eidbrüchig zu werden, indem er zu späterer Zeit einen Eid bricht. Absolut gesprochen ist der Mann ein Eidbrecher, aber eben nicht bezüglich seines Schwurs, eidbrüchig zu werden. Aristoteles erklärt dann, dass der Satz des Lügners von der gleichen Art sei und meint damit offenbar, dass dieser nicht absolut wahr sei, sondern nur wahr in bestimmter Hinsicht. Um seinen Punkt zu verdeutlichen, zieht Aristoteles dann eine Parallele zwischen dem Lügner und anderen falschen Argumenten:

> Ebenso ist es, wenn es sich um die Relation, das Wo und das Wann handelt. Alle solchen Schlüsse fußen auf folgender logischen Verbindung: Ist Gesundheit oder Reichtum ein Gut? Aber für den Unenthaltsamen und den, der einen schlechten Gebrauch von beiden macht, sind sie kein Gut. Also sind sie ein Gut und kein Gut.[87]

Obwohl also eine Behauptung *allgemein* wahr sein mag, muss das im Besonderen nicht der Fall sein. Über den Satz »Ich bin ein Lügner« sagt Aristoteles, dass er wahr im Allgemeinen sein kann, aber nicht hinsichtlich einer bestimmten Äußerung der Person. Diese Lösung lässt sich jedoch nur auf Fälle anwenden, in denen es möglich ist, einen absoluten und einen bestimmten Kontext voneinander zu scheiden. Wenn ich zum Beispiel sage: »Ich lüge gerade«, erscheint es schwierig zu behaupten, dass ein solcher Satz, der sich auf eine bestimmte Äußerung bezieht, absolut wahr sein könnte, aber falsch im Besonderen. Der Satz bezieht sich *insbesondere* auf sich selbst und kann folglich nicht im Allgemeinen wahr sein.

Aristoteles' Behandlung des Lügners ist bestenfalls skizzenhaft, dafür erörtert er eine Vielzahl von Zenons Paradoxien detailliert und umfassend. In seiner *Physikvorlesung* erklärt er zur Paradoxie des Pfeils: »Zenons Argumentation ist fehlerhaft. Er meint so: Wenn ein Gegenstand, solange er genau denjenigen Raumwert einnimmt, der so groß ist wie er selbst, im Ruhezustand sich befindet, der bewegte Gegenstand aber im Zeitpunkt stets genau diesen Raumwert einnimmt, so erfährt der ›fliegende‹ Pfeil keine Bewegung. Aber das stimmt nicht. Denn die Zeit baut sich nicht aus den bloßen unteilbaren Punkten auf, ebenso wenig wie sonst irgendeine Ausdehnungsgröße.«[88] Hier hat Aristoteles in Zenons Pfeilparadox, einen »Blindgänger« entdeckt. Dieser besteht in der Annahme, dass Zeit und Raum aus Unteilbarem bestünden. Weil wir die Zeit nicht in unteilbare Momente aufteilen können, muss sich der Pfeil für eine bestimmte Dauer bewegen. Sobald wir uns dieser Annahme entledigt haben, gibt es kein Problem mehr mit dem Pfeil, der sich von einem physischen Raum zum nächsten bewegt.

Aristoteles kritisiert eine weitere Annahme, die vielen von Zenons Paradoxien zugrunde liegt, nämlich dass es nicht möglich sei, eine unendliche Zahl von Wegstrecken in endlicher Zeit zurückzulegen. Dagegen macht Aristoteles geltend:

> Aus diesem Grund ist auch Zenons Argument verkehrt, dass es unmöglich sei, in unendlicher Zeit die unendlich vielen (Wegstücke) zu durchlaufen oder auch jeden der unendlich vielen (Punkte) zu berühren. Der Terminus »unendlich« hat nämlich mit Bezug auf die Ausdehnungsgröße und die Zeit, überhaupt mit Bezug auf jede Art von Kontinuum, zwei wohl unterschiedene Bedeutungen: er besagt entweder Teilungsunendlichkeit oder aber Ausdehnungsunendlichkeit. Unendlichgroßes freilich lässt sich in begrenzter Zeit nicht durcheilen, wohl aber Unendlichteilbares. Auch die Zeit selbst ist ja in diesem letzteren Sinn unendlich. Und so geschieht es denn in *»unendlicher«* (d. h. unendlich teilbarer), nicht (einfach) in endlicher Zeit, dass das Unendliche (d. h. die unendlich teilbare Ausdehnungsgröße) durchlaufen wird und dass mit Unendlichem, nicht mit Endlichem, eine unendliche Mannigfaltigkeit erreicht wird.[89]

Wie zuvor findet Aristoteles hier einen »Blindgänger« in Zenons Paradoxien der Bewegung, indem er reklamiert, dass dieser Unendlichkeit als Begriff quantitativer Ausdehnung mit Unendlichkeit als Teilbarkeitsphänomen verschmilzt. Weil beides nicht austauschbar ist, ist Zenon nicht befugt anzunehmen, dass es aufgrund der unendlichen Teilbarkeit des Raums eine unendlich lange Zeit dauern würde, von einem Punkt zum anderen zu gelangen.

Aristoteles' Einfluss auf spätere Logiker und Rätselamateure lässt sich kaum überschätzen, und am offenkundigsten wird dies anhand der Lösungen der Philosophen und Logiker des Mittelalters.

3.3.2 Insolubilien im Mittelalter

> Was Insolubilien betrifft, so sollst du wissen, dass einige Sophismen unlösbar genannt werden, nicht weil sie sich nicht lösen ließen, sondern weil dies nur *mit Schwierigkeit* gelingt.
>
> William von Ockham, *Summa logicae*[90]

Aristoteles ist die frühste Quelle für Standardauflösungen philosophischer Paradoxien, doch ein wahrhaft goldenes Zeitalter der Untersuchung paradoxer Rätsel war das Spätmittelalter, wo sich die Logiker mit Eifer auf sogenannte »insolubilia«, das heißt »Unlösbare« stürzten. Wo im Frühmittelalter die Lügnerparadoxie Erwähnung findet, werden zumeist Variationen der Lösung des Aristoteles angeführt, sie beruhe auf dem Fehlschluss, etwas in bestimmter Hinsicht Wahres mit etwas absolut Wahrem zu vermengen *(fallacia secundum quid et simpliciter)*. Zu einer großen Bandbreite von Variationen kamen später jedoch neue Analysen hinzu.

An schierer Zahl und Vielfalt können es die vorgeschlagenen Lösungen fast mit den heutigen Behandlungen aufnehmen. Ein markanter Unterschied zwischen mittelalterlichen und heutigen Ansätzen besteht allerdings darin, dass Letztere häufig in Zusammenhang mit Infragestellun-

Aristoteles ist die frühste Quelle für Standardauflösungen philosophischer Paradoxien, doch ein wahrhaft goldenes Zeitalter der Behandlung paradoxer Rätsel war das Spätmittelalter, wo sich die Logiker mit Eifer auf sogenannte »insolubilia«, das heißt »Unlösbare« stürzten.

gen unserer Denkweisen erscheinen, während Paradoxien für das Mittelalter etablierte Theorien nicht ins Wanken brachten. Die mittelalterlichen Philosophen konzentrierten sich zumeist auf Versionen des Lügners, während heute vielfältigste Paradoxien untersucht werden. Hier ein Beispiel für eine Restriktionstheorie, die beliebteste Präventivschlagmethode des Mittelalters. Diese Theorien sind bestrebt, Selbstbezüglichkeit einzuschränken, indem sie festlegen, dass sich Begriffe in Aussagen in einigen oder allen Fällen nicht auf die Aussagen selbst beziehen dürfen.

Transcasus: Eine frühe Restriktionstheorie

Die Transcasus-Lösung behandelt den Satz des Lügners »Ich lüge« so, als verwiese er auf eine falsche Äußerung, die der Sprecher zuvor geäußert hat. Sofern dem Satz jedoch nichts Falschgesagtes vorausging, kann er als unrichtig zurückgewiesen werden. Das Gleiche gilt für die Aussage »Dieser Satz ist falsch«. Sie müsse sich auf den vorangehenden Satz beziehen, und falls es einen solchen nicht gibt, so ist die Aussage unrichtig. Die Verfechter dieses Lösungstyps schränken also den Bezug des Satzes auf einen vorangehenden ein und bestreiten jeden sinnvollen Bezug, sofern ein solcher fehlt. Diese Restriktion wirkt allerdings eher wie ein Ausweichmanöver.

Cassatio

Der mittellateinische Ausdruck *cassatio* (abgeleitet von *cassare*, »aufheben, annullieren«) bedeutet in diesem Zusammenhang, eine paradoxe Aussage für ungültig zu erklären oder zu »kassieren«. Wenn jemand also eine paradoxe Behauptung aufstellt, in mittelalterlicher Ausdrucksweise ein »Unlösbares«, wie zum Beispiel »Ich lüge jetzt«, so sagt er nach dieser Theorie überhaupt nichts. Es ist eine Präventivschlaglösung, da der Sinn der Aussage von vornherein bestritten wird, denn die Lügnerparadoxie ist nach dieser Auffassung fehlerhaft. Zur Begründung, und um die subjektive Wahrscheinlichkeit zu senken, dass sich mit der Äußerung des Satzes irgendein sinnvoller Inhalt verbindet, bieten die Vertreter dieses Lösungstyps zwei Arten von Erklärungen. Die erste argumentiert platt, dass der *rusticus*, der einfache Mann auf der Straße, dem jemand sagt »Was ich sage, ist falsch«, dem Betreffenden wohl entgegnen würde: »Du sagst ja gar nichts.«[91] Eine solche Lösung scheint in nichts anderem zu gründen als dem Argwohn schlichter Gemüter gegen alles, was nicht unmittelbar verständlich ist.

Ein anderer Weg, auf dem die Verfechter der *cassatio* versuchen, die subjektive Wahrscheinlichkeit zu senken, dass der Sprecher des Lügnersatzes damit etwas sagt, besteht darin zu erläutern, was es heißt, etwas zu sagen, um dann zu zeigen, dass die Äußerung sich in diesem Sinne nicht als Aussage qualifiziert. »Etwas zu sagen«, so die Argumentation, erfordere, dass der Sprecher etwas im Geist und auch mündlich bekräftige. Zwar erfüllt der Sprecher des Lügnersatzes beide Bedingungen, etwas an der Art, wie er dies tut, ist jedoch nicht richtig. Was dies genau ist, bleibt allerdings ein Rätsel. Paul Vincent Spade, ein Experte der mittelalterlichen Insolubilienliteratur, stellt die vorsichtige Vermutung an, dass es sich dabei um so etwas wie den Trugschluss der Komposition handeln könnte, das heißt fälschlich von den Teilen aufs Ganze zu schließen, wie es sich etwa darin zeigt, dass jemand begabt sein kann und ein Cellist, aber kein begabter Cellist, wenn nämlich seine Talente woanders liegen. Seine Vorsicht, ob dies die Absicht der Vertreter der *cassatio* war, ist allerding wohlbegründet. In jedem Fall deutet der Verweis auf ein Vorhergehendes (*transcasus*) und die »Kassierung« der gesamten Äußerung auf einen Fehler im Satz, der zur Paradoxie führt; folglich handelt es sich bei beiden um Präventivschlaglösungen für den Lügner.

Bradwardines Wahrheitstheorie

Die einflussreichste mittelalterliche Präventivschlaglösung des Lügners, zumindest unter den Zeitgenossen, stammte von Thomas Bradwardine, der eine Theorie der Wahrheit vorschlug, wonach ein Urteil den Inhalt eines dass-Satzes bedeutet, der aussagt, wie sich etwas verhält. Urteile sind dann und *nur* dann wahr, wenn sie aussagen, was der Fall ist, andernfalls sind sie falsch. Die Theorie besagt ferner, dass alles, was aus einem Satz folgt, ebenfalls durch ihn bedeutet wird. Folglich ist ein Urteil dann und nur dann wahr, wenn das, was aus ihm folgt, sich so verhält. Danach bedeutet jedes Urteil, dass es selbst wahr ist. Im Fall des Satzes des Lügners bedeutet der Lügnersatz, dass er selbst falsch ist. Aber auf Grundlage dieser Theorie bedeutet der

Satz auch, dass er selbst wahr ist. Die Aussage, die der Lügnersatz zum Ausdruck bringt, kann aber nur wahr sein, wenn alles, was sie bedeutet, sich so verhält. Wenn der Lügnersatz wahr ist, dann ist er falsch. Aber aufgrund des Erfordernisses, dass alles, was aus einem Satz folgt, sich so verhalten muss, damit der Satz wahr sein kann, schließt das Argument den Beweis aus, dass der Lügnersatz wahr ist. Einfach ausgedrückt, weil alles, was aus einem Satz folgt, von dem Satz bedeutet wird und weil Sätze dann und nur dann wahr sind, wenn alles, was sie bedeuten, sich so verhält, muss die Aussage, die in dem Satz »Ich spreche falsch« zum Ausdruck kommt, etwas bedeuten, was nicht der Fall ist. Sie ist daher falsch.

Die Paradoxie ist damit aufgelöst, weil der Lügnersatz sich als falsch erweist, und der Grund dafür ist, dass er nicht nur bedeutet, dass er falsch ist, sondern auch, dass er wahr ist. Und dass ist nicht der Fall.

Hier stellt sich jedoch sofort eine Frage über die Annahme der Theorie, dass alles, was aus einem Satz folgt, von ihm bedeutet wird, was mir kontraintuitiv erscheint. Einerseits ist, was der Satz bedeutet, andererseits, was aus ihm folgt. Vieles folgt aus einem einzelnen Satz, daher scheint die Theorie ein stark überdehntes Verständnis der Genauigkeit zu vertreten, mit der Sätze etwas bedeuten.[92]

Heytesbury und die Last des Beweises

Eine interessante Wendung gab William Heytesbury der Diskussion über Insolubilien, indem er behauptete, dass sie nur in bestimmten, beschränkten Kontexten paradox seien. Zu sagen, dass Margaret eine Lügnerin ist, erscheint nur dann als Paradox, wenn Margaret diejenige ist, die diese Behauptung über sich selbst aufstellt. Heytesbury sagt, dass in dem Fall, wo Margaret selbst sagt, sie lüge, die Aussage »Margaret lügt« etwas heißen müsse, was über das hinausgehe, was diese Wörter normalerweise bedeuten. Und dann übernimmt er freiwillig – eine einzigartige Strategie – die Last des Beweises, diese zusätzliche Bedeutung zu erklären. »Kurz, Heytesburys Strategie«, so erläutert Paul Vincent Spade, »besteht also darin zu sagen: ›Du sagst mir *genau*, was [Margarets] Satz bedeutet, und ich sage dir zuallererst, ob der von dir beschriebene Fall möglich ist, und wenn ja, so werde ich dir erklären, ob [der] Satz wahr ist oder falsch.‹«[93] Das klingt für mich wie eine Ablenkung, und anscheinend kamen Heytesburys Zeitgenossen zu einem ähnlichen Schluss. Spätere ergänzten, auch Heytesbury habe gemeint, dass es sich so verhalten müsse, wenn der Satz wahr sein solle, sie mischten seinem Ansatz also etwas von Bradwardines Theorie bei.

Schlussfolgerung

Aus diesem knappen Blick auf einige der vielen vorgeschlagenen Behandlungen von Insolubilien ergibt sich ein Muster. Die Lösungen tendieren zu einer Präventivschlagstrategie zur Auflösung von Paradoxien, wenn jede auch einen anderen Weg präsentiert, um zu erklären, warum der Lügnersatz entweder »nichts sagt« oder falsch ist. So sind die vorgeschlagenen Lösungen zwar interessant, keine von ihnen liefert jedoch eine definitive Lösung für die Paradoxie.

3.3.3 Kants Lösungen und ihre Antinomien

Eine der faszinierendsten Auseinandersetzungen mit der Paradoxie stammt von Immanuel Kant, der in seiner *Kritik der reinen Vernunft* eine Reihe von Antinomien detailliert erörtert. Antinomien werden manchmal als Konflikte zwischen zwei Gesetzen definiert. Obwohl sie gewöhnlich nicht per se als Paradoxien angesehen werden, teilen sie einige ihrer Wesensmerkmale, die wir in der Einleitung erwähnten; nämlich, dass sie widerstreitende, aber jeweils gut begründete Behauptungen enthalten. Kants Idee der Antinomie ähnelt am stärksten der Definition, wonach Paradoxien aus wechselseitig widersprüchlichen Aussagen bestehen, von denen jede wahr erscheint. Eine Antinomie besteht für ihn aus zwei wechselseitig widersprüchlichen, aber rationalen Ergebnissen. Die beiden widersprüchlichen Behauptungen (zum Beispiel es gibt einen freien Willen und es gibt keinen freien Willen) nennt Kant These und Antithese, und jede ist die Schlussfolgerung eines scheinbar überzeugenden Arguments. Somit haben wir zwei wechselseitig widersprüchliche Behauptungen, von denen jede durch überzeugende Beweise gestützt wird. Auch wenn sie häufig nicht als solche gesehen werden, stellen Kants Antinomien eine Spielart der Paradoxie dar, eine, bei der widersprüchliche Behauptungen jeweils durch starke Argumente untermauert werden.

In der *Kritik der reinen Vernunft* präsentiert Kant vier Hauptantinomien, bei denen er Argumente gegenüberstellt, aus denen er entgegengesetzte Schlussfolgerungen ableitet. Die erste Antinomie zum Beispiel betrifft Raum und Zeit und die Frage, ob beide begrenzt sind. Auf einer der beiden Seiten des Abschnitts argumentiert Kant, dass die Zeit einen Anfang hatte und der Raum begrenzt ist. Mit anderen Worten, er präsentiert ein Argument, dass es einen Anfang der »Welt« gab und dass die »Welt« eine physische Grenze hat. Auf die andere Seite der Antinomie setzt Kant die Antithese: dass Raum und Zeit keine solchen Grenzen kennen. Beide Argumente nehmen die Form indirekter Beweise an, wie die Argumentation Zenons, wobei angenommen wird, dass die zu beweisende Behauptung falsch ist, um dann einen Widerspruch abzuleiten, der zeigt, dass die Behauptung nicht falsch sein kann, also richtig sein muss. Nehmen wir also an, ein zu beweisendes *p* sei nicht wahr. Dann zeigen wir, dass wir, wenn wir *p* als falsch annehmen (d. h. *nicht p*), ein Widerspruch oder ein offenkundiger Fehler entsteht. Durch diesen Nachweis können wir *p* schlussfolgern. Beide Argumente der ersten Antinomie, sagt Kant, seien angesichts unserer Grundannahmen schlüssig. Tabelle 6 präsentiert diese Antinomie noch einmal in vereinfachter Formulierung.

Die linke Seite der Antinomie mag ähnlich klingen wie Zenons Paradoxien von Raum und Bewegung und könnte die leichte Lösung nahelegen, dass unendliche Teilbarkeit keine unendliche Zahl von »Teilen« erzeugt. Die rechte Seite der Gleichung könnte auch die Idee der Grenze einer Serie veranschaulichen.

Kant schlägt jedoch bei der Behandlung dieser ersten Antinomie eine andere Route ein, ausgehend von seiner Auffassung, dass metaphysische Fragen – wie jene, ob die Welt einen Anfang in Raum und Zeit habe, ob es einen freien Willen gebe oder ob die ganze Welt aus unteilbaren Atomen bestehe – nicht befriedigend zu beantworten sind. Für Kant stellen diese Fragen einen unstatthaften Versuch dar, viel zu weit gehende Schlüsse aus den Anschauungen und Begriffen der reinen Vernunft zu ziehen, solchen also, die nicht aus der sinnlichen Erfahrung stammen. Wie sein berühmtes Diktum lautet: »Gedanken ohne Inhalt sind leer ...«[94] Wir können niemals aus unserer eigenen beschränkten sinnlichen Erfahrung Rückschlüsse auf die Totalität der Welt ziehen. Für Kant stellt es einen gravierenden Fehler dar, sich »die Welt« als etwas vorzustellen, das in dieser Weise verstanden werden kann – der Fehler, sich die Welt als ein »Ding an sich« zu denken, das sich mit unseren eigenen beschränkten Mitteln erkennen ließe.

Wie bei all seinen Antinomien illustriert die linke Seite die Fähigkeit unseres Geistes, über die Grenzen seiner sinnlichen Erkenntnis hinauszudenken. Wir beginnen mit unserer Vorstellung von der Unendlichkeit und folgern, dass es keine unendliche Reihe von Augenblicken vor der Gegenwart und keinen unbegrenzten Raum geben kann. Die rechte Spalte holt uns zurück in den Raum der sinnlichen Erfahrung. Beide Seiten nehmen an, dass es eine Welt

Tabelle 6 Kants erste Antinomie in vereinfachter Darstellung[95]

Beweis, dass die Welt (I) in der Zeit und (II) im Raum begrenzt ist	**Beweis, dass die Welt (I) keinen Anfang und (II) keine Grenzen im Raum hat**
(I) Nehmen wir zuerst an, die Welt habe keinen Anfang in der Zeit. Wenn dem so ist, dann muss es eine Unendlichkeit von Momenten gegeben haben, die zur Gegenwart führten. Doch in einer unendlichen Reihe können die Teile der Reihe unmöglich sukzessive vervollständigt werden. Daher ist es unmöglich, dass vor dem gegenwärtigen Augenblick eine unendliche Reihe verstrichen ist. Folglich ist es unmöglich, dass die Welt keinen Anfang hatte. (II) Nehmen wir zuerst an, die Welt sei räumlich unbegrenzt. Das heißt, die Welt ist ein unendliches Ganzes bestehend aus einer unendlichen Zahl von Dingen. Doch sich die Welt als Ganzes als unendliches Aggregat von Dingen vorzustellen bedeutet, die Dinge zusammenzuaddieren, um das Ganze zu bilden. Ein Aggregat einer unendlichen Zahl von Dingen ist jedoch nicht erdenklich, weil es eine unendliche Addition der Teile erfordern würde, und das ist unmöglich.	(I) Nehmen wir zuerst an, die Welt habe einen Anfang in der Zeit. Wenn dem so ist, dann muss es eine Zeit vor dem Anfang der Welt gegeben haben, mit anderen Worten, eine leere Zeit. In einer leeren Zeit jedoch kann nichts entstehen oder vergehen, weil sie andernfalls nicht leer wäre. Daher kann die Welt nicht aus der leeren Zeit entstanden sein, was nur die gegenwärtige Zeit übrig lässt. Also muss die Welt einen Anfang in der Zeit haben. (II) Nehmen wir zuerst an, die Welt habe Grenzen im Raum. Das heißt, wir nehmen an, die Welt habe eine räumliche Grenze, hinter der leerer Raum liegt. Aber die Welt kann kein Verhältnis zum leeren Raum haben. Weil der leere Raum per definitionem leer ist, gibt es keinen Gegenstand, zu dem die Welt im leeren Raum im Verhältnis stehen könnte. Es gibt kein Objekt, das der Grenze korrespondiert. Daher hat die Welt keine räumliche Grenze.

gibt und diese Welt für uns erkennbar sei. Beide Seiten postulieren ferner, dass es entweder eine zeitliche/räumliche Grenze der Welt gebe oder keine. In der Annahme, es gebe eine Welt, die in ihrer Ganzheit unabhängig von unserer begrenzten Erkenntnis verstanden werden kann, sind beide Argumente falsch. Verstanden als Paradoxie ist die widersprüchliche Schlussfolgerung, dass die Welt im Hinblick auf Raum und Zeit zugleich begrenzt und unbegrenzt ist, das Resultat einer falschen Annahme: dass nämlich die Welt, als Ding an sich, erkennbar sei. Kants Lösung dieser Antinomie kommt also jener Lösung am nächsten, die wir »Blindgänger« genannt haben, indem sie eine Annahme der Paradoxie als leer zurückweist.

Kants zweite Antinomie ist ähnlich der ersten insofern sie wieder die Vorstellung einer »Welt« zum Gegenstand hat, die unabhängig von unserer sinnlichen Erkenntnis erkannt werden könne. Beide Antinomien decken eine leere Annahme auf. Bei der zweiten Antinomie geht es um das Problem, ob die Welt aus einfachen Teilen zusammengesetzt ist oder sich ihre »Substanzen« unendlich unterteilen lassen. Auf der linken Seite der Antinomie präsentiert Kant einen Beweis, dass die Welt aus einfachen Teilen zusammengesetzt ist, auf der rechten liefert er den Gegenbeweis, dass nichts aus einfachen Teilen besteht (siehe Tabelle 7).

Für Kant beruhen beide Seiten der Antinomie auf derselben falschen Annahme, die den Beweisen der ersten Antinomie zugrunde liegt, nämlich dass die Welt als Ganzes unabhängig von unserer sinnlichen Erfahrung begriffen

Tabelle 7 Kants zweite Antinomie in vereinfachter Darstellung

Beweis, dass jede zusammengesetzte Substanz aus einfachen Teilen besteht (und folglich nicht unendlich teilbar ist)	**Beweis, dass nichts aus einfachen Teilen zusammengesetzt ist (und dass alles unendlich teilbar ist)**
Beweis: (1) Angenommen, zusammengesetzte Substanzen bestehen aus einfachen Teilen. Das heißt, wir nehmen an, dass sie unendlich teilbar sind. (2) Wenn wir jegliche Idee der Zusammensetzung der unendlich teilbaren Substanz fortnähmen, so würde nichts übrig bleiben, auch keine einzelnen Teile. (3) Also bestehen unendlich teilbare Substanzen nicht aus einfachen Teilen, oder es muss etwas unabhängig von der Zusammensetzung existieren, nämlich einfache Teile. (4) Aber eine zusammengesetzte Substanz muss aus irgendwelchen Teilen bestehen, andernfalls könnte sie nicht aus etwas zusammengesetzt sein. (5) Daher muss es einfache Teile geben, aus denen zusammengesetzte Substanzen gebildet sind.	Beweis: (1) Angenommen, dass eine zusammengesetzte Substanz aus einzelnen Teilen besteht. (2) Jedes Teil dieses Zusammengesetzten nimmt einen Raum ein. (3) Wenn etwas einen Raum einnimmt, dann ist es eine zusammengesetzte Substanz. (4) Daher ist jeder Teil eines Zusammengesetzten selbst etwas Zusammengesetztes.

werden könne. Beide Seiten sind folglich falsch. Ich habe die Lösungen, die Kant den beiden Antinomien gibt, zwar als »Blindgänger« bezeichnet, doch das gilt nur eingeschränkt, da er ja anerkennt, dass es der Vernunft eigen ist, Fragen aufzuwerfen und zu beantworten, die ihr Vermögen übersteigen. Obwohl beide Antinomien also das Ergebnis des Versuchs sind, die Grenzen unserer Geistes zu überschreiten, ist es dennoch unvermeidlich, dass die Vernunft danach strebt, über sich selbst hinauszugehen. In diesem Sinn sind Antinomien unausweichlich, was nahelegt, dass die Lösung auch ein Element der Hinnahme enthält, also in gewisser Weise »die bittere Pille schluckt«, wie wir es oben genannt haben.

Bei den nächsten beiden Antinomien verlagert sich Kants Strategie von den Lösungstypen, die in der Paradoxie einen Fehler aufzeigen bzw. sie als unausweichlich hinnehmen, zu etwas ganz Ähnlichem wie einer Picobello-Lösung. Obwohl sich beide Seiten der folgenden Antinomien wie ein klassischer Widerspruch präsentieren, verschwindet dieser Eindruck bei genauerem Hinsehen. Die dritte Antinomie kreist um die Idee der Kausalität und ob es etwas geben kann, das außerhalb der natürlichen Ereigniskette steht und »absolute Spontaneität« besitzt. Darin steckt die Frage, ob es einen freien Willen gibt oder nicht (siehe Tabelle 8)

Die linke Seite der Antinomie beschreibt die Auffassung, dass schon allein die Idee der Kausalität selbst voraussetzt, dass es etwas außerhalb ihrer selbst geben muss, eine absolute Ursache, die ausreicht, um die Kette der Kausalität a priori zu beginnen. Die rechte Seite andererseits

Tabelle 8 Kants dritte Antinomie in vereinfachter Darstellung

Es gibt Willensfreiheit	**Es gibt keine Willensfreiheit**
Nehmen wir zuerst an, dass es keine Freiheit des Willens gebe, das heißt dass es keine Kausalität außer derjenigen gibt, die von den Naturgesetzen bestimmt wird. Wenn dem so ist, dann lässt sich alles, was geschieht, auf irgendeine naturgesetzliche Ursache zurückführen. Wenn wir dies jedoch immer weiter treiben, gelangen wir in einen unendlichen Regress der Ursachen. Wenn dem so ist, dann gibt es keine absolute, sondern nur relative Kausalität. Aber das Gesetz der Natur lautet, das nichts geschieht »ohne hinreichend a priori bestimmte Ursache«.[96] Mit der Annahme, dass es keine Kausalität unabhängig von den Gesetzen der Natur gibt, haben wir also einen Widerspruch abgeleitet, nämlich dass es keine absolute Kausalität gibt. Deshalb muss es mindestens eine Form der Kausalität geben, die außerhalb der Gesetze der Natur steht. Das heißt, es gibt »eine *absolute Spontaneität* der Ursachen, eine Reihe von Erscheinungen, die nach Naturgesetzen läuft, *von selbst* anzufangen, mithin transzendentale Freiheit«.[97]	Nehmen wir zunächst an, dass es Willensfreiheit gibt. Mit anderen Worten, nehmen wir an, dass es eine Kausalität von Handlungen gibt, die nicht von den Gesetzen der Natur bestimmt wird, sondern sich stattdessen selbst absolut bestimmt. Diese Kausalität, die anderes Geschehen lassen kann, ist selbst ein Geschehen, dass ein Gesetz der Natur verletzt, nämlich das jedes Ereignis eine ihm vorausgehende Ursache habe. Sie steht auch außerhalb der sinnlichen Erkenntnis und ist, was Kant eine »leeres Gedankending« nennt. Wenn Freiheit »nach Gesetzen bestimmt wäre, [so wäre] sie nicht Freiheit, sondern selbst nichts anderes als Natur«.[98]

nimmt die Annahme, es gebe eine solche Kausalität, und zeigt, dass auch dies einem Gesetz der Natur widerspricht: dass Ereignisse Ursachen haben und dass es eine Ordnung in der Natur gibt, die sie uns, durch unsere Beobachtung, verständlich macht. Beide Beweise sind für Kant kompatibel, solange wir die Annahme aufgeben, dass die Welt der Erscheinungen und unsere sinnliche Erfahrung der Welt um uns herum »Dinge an sich« seien. Wenn wir diese Annahme aufgeben, dann können wir die Auffassung vertreten, dass die Vernunft von uns verlangt, transzendentale Freiheit zu postulieren (die linke Seite der Antinomie) *und zugleich* die sinnliche Erkenntnis der Welt von uns verlangt zu postulieren, dass alle Erscheinungen den Gesetzen der Kausalität gehorchen.

In jeder der beiden letzten Antinomien argumentiert Kant, dass beide Seiten in gewisser Weise gute Argumente liefern. Doch was wie widersprüchliche Schlussfolgerungen aussieht, so sagt er, seien in Wirklichkeit kompatible Aussagen. Daher ähnelt seine Lösung bei diesen letzten beiden Antinomien am ehesten unserem »Picobello«-Lösungstyp.

Im Fall der vierten Antinomie (siehe Tabelle 9) kann jede Seite der Antinomie friedlich mit der anderen koexistieren, sofern wir die Vorstellung aufgeben, dass Erscheinungen selbst »Dinge an sich« sind. Die Vernunft, auf der linken Seite, benötigt die Vorstellung eines notwendigen Wesens, während die Erscheinungen – die Welt der sinnlichen Erfahrung – beweisen, dass es kein solches Wesen geben kann.

Tabelle 9 Kants vierte Antinomie in vereinfachter Darstellung

Ein absolut notwendiges Wesen (d. h. Gott) existiert	Ein absolut notwendiges Wesen (d. h. Gott) existiert nicht, weder (I) in dieser Welt noch (II) als Ursache in dieser Welt
Die »Sinnenwelt« unterliegt Veränderungen. Das ist offenkundig, wenn wir bedenken, dass wir ohne Veränderung nicht einmal eine Vorstellung von der Zeit hätten. Jeder Veränderung, die sich in der sinnlich erfahrbaren Welt ereignet, gehen frühere Veränderungen voraus, die diejenigen der Gegenwart notwendig machen. Doch muss generell aller Wandel dann von etwas bewirkt werden, was absolut notwendig ist. »Also muss«, schreibt Kant, »etwas Absolutnotwendiges existieren, wenn eine Veränderung als seine Folge existiert.«[99] Dieses notwendige Wesen muss also, in der Zeit, in der Welt existieren.	(I) Nehmen wir an, es gäbe ein absolut notwendiges Wesen in der Welt. Wenn dem so ist, dann würde in der Reihe ihrer Veränderungen entweder ein Anfang sein, der unbedingt notwendig, das heißt ohne Ursache wäre, oder diese Reihe wäre ohne allen Anfang. Aber die erste Option taugt nicht, weil sie mit dem Gesetz in Konflikt steht, dass alle Erscheinungen eine Bestimmung in der Zeit haben. Und die zweite ist ebenfalls nicht gut, da sie sich selbst widerspricht in der Annahme, dass es eine Reihe gebe, die zwar notwendig ist, aber kein einziges an sich notwendiges Teil besitzt. (II) Wenn wir eine »schlechthin notwendige Weltursache« außerhalb der Welt annehmen, die alles innerhalb dieser Welt verursacht, dann muss diese Ursache alle Veränderungen, die in der sinnlich erkennbaren Welt geschehen, beginnen, sie wäre also nicht mehr außerhalb.[100]

Die »Auflösung« beider Antinomien liegt für Kant in der Unterscheidung zwischen der Welt, wie sie uns als phänomenale Welt erscheint, und der Welt jenseits unserer sinnlichen Erkenntnis als »Ding an sich« unabhängig von uns, und dem, was er die »noumenale« Welt nennt. So präsentiert uns der Philosoph mit seinen Antinomien eine interessante Variation der Paradoxie und benutzt für ihre Behandlung einige Standardlösungstypen.

3.3.4 Spätere Lösungen für Paradoxien

Vor einiger Zeit hörte ich auf einer Konferenz in Peking eine Reihe von Logikvorträgen, die einen Eindruck davon vermittelten, wie verbreitet heute in der Philosophie logische Systeme zur Lösung von Paradoxien sind. Darunter waren Gradtheorien, Supervaluationismus, Fuzzylogik, parakonsistente Logik, Logiken mit Lücken und so weiter. Am Ende jeder dieser Vorträge erklärte der Vortragende, wie sein oder ihr bevorzugtes Logiksystem mit wichtigen Paradoxien wie dem Lügner fertig wurde. Auf dem Weg zum Lunch hielt ein Freund mit seinem gemischten Eindruck nicht hinter dem Berg. Es ginge auf der Konferenz zu wie auf einem Bauernmarkt, lästerte er, nur dass statt des hohen Lobs auf eierlegende Wollmilchsäue die eigene Logik über den Klee gepriesen würde. Tatsächlich gibt es heute eine Fülle neuer Logiken auf dem »Markt«, die alle für sich eine »bessere« Konzeption von Wahrheit, Falschheit und Folgebeziehungen in Anspruch nehmen und behaupten, dass Paradoxien in ihren Systemen nicht aufträten.

Lösungen für Paradoxe und neue Paradoxien entstehen in Zeiten mathematischen und wissenschaftlichen Fortschritts und geben häufig den Anstoß zu weiteren Fortschritten.

Der Ausdruck der »eierlegenden Wollmichsau« dafür ist mir im Gedächtnis geblieben.

Die meisten dieser Logiken und ihre Lösungen für eine bestimmte Paradoxie habe ich bereits im vorangehenden Abschnitt erörtert, doch betrachten wir sie hier noch einmal in ihrer Gesamtheit. Trotz ihres fragwürdigen Nutzens für die Bewältigung der tiefsten philosophischen Paradoxien nämlich ist das Faszinierende an zeitgenössischen logischen Systemen der nützliche Beitrag, den sie auf anderen Gebieten leisten. Viele der Paradoxien, die den Anstoß zur Schaffung der verschiedenen neuen Logiken gaben, sind zwar bis heute ohne definitive Lösungen geblieben, die Logiken selbst aber sind häufig Erfolgsgeschichten, zumindest was ihre praktische Anwendung auf außerphilosophischen Gebieten anbelangt. Tabelle 10 zeigt eine kurze Liste solcher Anwendungsbeispiele. Sie legen den Gedanken nahe, dass man sich Paradoxien womöglich nicht als Probleme vorstellen sollte, die nach einer möglichst raschen Lösung verlangen, sondern als Ansporn zum Überdenken alltäglicher Vorstellungen und ihre Ersetzung durch präzisere und nützlichere Konzepte.

3.3.5 Schlussfolgerung zum Lösungsüberblick

So lückenhaft unser kleiner Überblick zur Geschichte der Paradoxien und ihrer Lösungen notwendigerweise bleiben muss, legt er doch einige plausible Schlussfolgerungen nahe. Erstens konnte nie ein Konsens über die Lösung der kniffligsten Paradoxien erzielt werden. Zweitens entstehen

Tabelle 10 Zeitgenössische Logiksysteme und ihre Anwendungen

Logik	**Anwendungsbeispiele**
dreiwertige Logik	Datenbanksprache SQL (Structured Query Language)
Fuzzy-- und gradtheoretische Logiken	Programmierung von Klimaanlagen, Programme zur Handschriftenerkennung, Regelung von Verkehrsampeln usw.
Mengentheorien	Verwendung in mathematischer Grundlagenforschung, Basis molekularer Mengentheorie
Supervaluationismus	Hilfsmittel bei Kartierung vage definierter Gegenstände wie Flüssen
Bayesscher Wahrscheinlichkeitsbegriff	Analyse wissenschaftlicher Beweise
Entscheidungstheorie	Risikoanalyse; Bestimmung des erwarteten Geldwerts einer spezifischen Geschäftsentscheidung
Spieltheorie	Analyse menschlichen Verhaltens, darunter wirtschaftlichen Verhaltens; Verwendung in der Evolutionstheorie

Lösungen für Paradoxien und neue Paradoxien in Zeiten mathematischen und wissenschaftlichen Fortschritts und geben häufig den Anstoß zu weiteren Fortschritten. Die tiefsten Paradoxien trotzen zwar weiterhin beharrlich ihren vielen Lösungsversuchen, die Vorschläge sind für sich genommen jedoch anregend und nützlich.

beharrlich ihren vielen Lösungsversuchen, die Vorschläge sind für sich genommen jedoch anregend und nützlich.

3.4 Neue Wissenschaften, neue Paradoxien

Paradoxien berühren unsere tief verwurzelten Intuitionen über die Wahrheit von Behauptungen, die Gewissheit unseres Wissens, Vorhersagen über die Zukunft, rationale Entscheidungen und so weiter und bringen sie miteinander in Konflikt. Die tiefsten Paradoxien weisen dabei auf fundamentale Fehler in unserem gegenwärtigen Denken über solche Gegenstände. Wo wie hier unsere grundlegenden Vorstellungen über Materie, Realität, Freiheit, Raum, Zeit, Vernunft, Denken und anderes ins Wanken geraten, ist es kein Wunder, dass neue Theorien auf den Plan treten, die sich um ein besseres Verständnis bemühen. Diese neuen Theorien und Auffassungsweisen bringen selbst ihre Widersprüche mit sich und erzeugen wieder neue Paradoxien. In den letzten Abschnitten möchte ich einen genaueren Blick darauf werfen, wie es dazu kommt.

3.4.1 Die Wissenschaft der Lösung von Paradoxien

Die Wissenschaftsphilosophen Karl Popper, Thomas Kuhn und Imre Lakatos erklärten jeder auf seine Weise, wie es zu wissenschaftlichem Fortschritt kommt. Besonderes Augenmerk schenkten sie dabei der Frage, wie wissenschaftliche Theorien und Forschungsprogramme einander ersetzen und ablösen. Bei allen dreien spielen Paradoxien und ihre Lösung eine herausgehobene Rolle. Für Popper führen Paradoxien, sofern sie nicht sofort schlüssig aufgelöst werden, zur Falsifizierung einer Theorie. Für Kuhn können Paradoxien und das, was er »Rätsel« nennt, friedlich mit einer wissenschaftlichen Theorie koexistieren, bis sie sich häufen und andere, zuweilen gesellschaftliche Kräfte beginnen, das aktuelle wissenschaftliche Paradigma infrage zu stellen. Imre Lakatos vertritt die Auffassung, dass Forschungsprogramme durch Paradoxien nicht in ihrer Existenz bedroht werden; sie können zwar einige ihrer unwesentlichen Elemente falsifizieren, der Kern des Programms ist jedoch vor einer Revision geschützt. Nur die weniger zentralen Annahmen des Programms sind folglich durch die Entdeckung von Paradoxien und anderen problematischen Ergebnissen revidierbar. Obwohl sie streng genommen nicht falsifiziert werden können, lässt sich laut Lakatos aber je nach Korrektheit ihrer Vorhersagen angeben, ob sie Fortschritte oder Rückschritte bringen.

Paradoxien spielen somit eine Rolle im historischen Fortschritt der Wissenschaft; umgekehrt lässt sich mit Popper, Kuhn und Lakatos auch der historische Fortschritt bei Paradoxielösungen beleuchten. Dabei zeigt sich allerdings, dass hier in den meisten Fällen von »Fortschritt« im üblichen Sinn keine Rede sein kann. Ich nehme dies als induktiven Beweis und komme zu dem Schluss, dass übliche Paradoxielösungen mit Hilfe neuer Theorien schlicht nicht funktionieren.

3.4.2 Die Poppersche Perspektive

Wie Thomas Kuhn und Imre Lakatos hat Karl Popper eine deutlich andere Sicht auf den Fortschritt in der Wissenschaft als der frühere wissenschaftliche Empirismus. Nach der alten Auffassung vollzieht sich wissenschaftlicher Fortschritt durch Anhäufung von immer mehr Fakten, wobei neue wissenschaftliche Theorien ihre Vorläufer eher in sich aufnehmen als völlig ersetzen. Aus Sicht des wissenschaftlichen Empirismus bedeutet Fortschritt, zu immer neueren und allgemeineren Aussagen zu gelangen. Eine Theorie ersetzt nicht die andere, sondern überführt eine ältere Theorie vielmehr in ein noch allgemeingültigeres Theoriegebäude. Diese Auffassung geht stillschweigend davon aus, dass wissenschaftliche Aussagen zwar im Prinzip widerlegbar sind, neue Forschungen die alten jedoch selten umstürzen.

In *Logik der Forschung* erkennt Karl Popper dagegen als Triebfeder wissenschaftlichen Fortschritts »kühne Vermutungen« und ihre Widerlegungen.[101] Der Wissenschaftler bietet eine Hypothese an und versucht dann, sie zu falsifizieren. Um das zu tun, wird eine Folgerung der Hypothese abgeleitet und dann getestet. Wenn die empirischen Beweise die Folgerung stützen, dann ist die Hypothese nicht widerlegt, gilt aber auch nicht als »verifiziert«. Sie hat lediglich eine Prüfung bestanden und wird weiteren unterzogen.

Was eine Paradoxie anbelangt, die einer wissenschaftlichen Theorie entspringt, hat Popper wenig zu sagen, was verständlich ist, liegt sein Hauptaugenmerk doch auf den empirischen Beweisen. Doch einige wissenschaftliche Paradoxien stützen sich gerade auf die Entdeckung überraschender Ergebnisse, etwa das Verschmutzungsparadoxon.

3.4.3 Das Verschmutzungsparadoxon

Das Verschmutzungsparadoxon ist eine schwache Paradoxie, aber sie ist ein Beispiel dafür, wie neue Erkenntnisse zu weiteren Entdeckungen führen, die eine Neubewertung der wissenschaftlicher Grundbegriffe nötig machen. Die Paradoxie illustriert, wie uns unsere Intuition über Dinge wie Verschmutzung täuschen kann. Umweltverschmutzung durch die Industrie gilt per se als etwas Schlechtes. Das wird gegenwärtig zum Beispiel in Peking augenfällig, wo die Sorge über sauren Regen, klimaschädliche Emissionen, Sandstürme durch trocknere Wüsten und so weiter wächst. Doch einer jüngsten Studie zufolge mindert eine Art der Verschmutzung, der saure Regen, offenbar andere Formen der Umweltverschmutzung, nämlich den Ausstoß klimaschädlicher Gase. Außer der Reduktion von Methan »könnte das Sulfat im sauren Regen tatsächlich die Reisernten steigern«, glaubt Dr. Gauci, einer der Autoren der Studie, die den paradoxen Effekt des sauren Regens beschreibt.[102] Man mag zwar zusammenzucken bei dem Gedanken, welchen Missbrauch Umweltverschmutzer mit einer eine solche Studie treiben könnten, dennoch verweist sie auf ein zuvor unbekanntes Wechselspiel zwischen verschiedenen Umweltfaktoren und legt nahe, dass unsere frühere Vorstellung, industrielle Umweltverschmutzung sei ausschließlich schlecht, nicht ganz richtig war.

Nach Poppers Theorie wurde hier die Annahme, dass jegliche Verschmutzung negative Auswirkungen auf die Umwelt hat, durch den Nachweis eines Falles falsifiziert, bei dem dies nicht so ist. Sie muss daher zurückgewiesen werden. Paradoxien, welche die Form von Hypothesen annehmen, die zu überraschenden oder widersprüchlichen Ergebnissen führen, haben dann die Falsifikation der Hypothesen zur Folge.

Popper bezieht sich zwar auf wissenschaftliche Theorien, doch bei Annahmen, die auf anderen Gebieten zu Paradoxien führen – wie auf den Gebieten der Wahrheit beim Lügner, der Vagheit bei der Haufenparadoxie, dem Wissen bei den skeptischen Paradoxien – gelangt man mit dem Popperschen Ansatz zu ähnlichen Schlussfolgerungen. Die Annahmen, die sich empirisch als offenkundig falsch erweisen, sind dadurch widerlegt. Was als offenkundige Wahrheit angenommen wurde – zum Beispiel das Aussagen entweder wahr oder falsch sind – muss falsch sein. Paradoxien haben aus der Popperschen Perspektive folglich weitreichende Konsequenzen für die Annahmen, aus denen sie entstehen.

3.4.4 Kuhns Verständnis von Paradoxien

Für den amerikanischen Wissenschaftsphilosophen Thomas Kuhn führen Paradoxien genauso wenig zwangsläufig zur Falsifizierung der ihnen zugrunde liegenden Annahmen wie die Existenz widersprüchlicher Beweise die Ablehnung wissenschaftlicher Hypothesen bewirken. In seinem berühmten Werk *Die Struktur wissenschaftlicher Revolutionen* argumentiert er, dass die Wissenschaftsgeschichte aus einer Abfolge von wissenschaftlichen Paradigmen bestehe, die sukzessive übernommen und später wieder verworfen werden. Paradigmen sind für Kuhn »allgemein anerkannte wissenschaftliche Leistungen ..., die für eine gewisse Zeit einer Gemeinschaft von Fachleuten Modelle und Lösungen liefern«.[103] Sie stellen der Wissenschaft nicht nur eine gemeinsame theoretische Grundlage bereit, sondern auch den methodischen Rahmen, der diktiert, wie weitere Forschungen unternommen werden. Als Beispiele zitiert er die ptolemäische Auffassung, wonach die Erde im Zentrum des Universums stand, die Newtonsche Mechanik mit ihren Bewegungsgesetzen, Einsteins Relativitätstheorie, Darwins Theorie der natürlichen Auslese und die Quantenmechanik.

Kuhn zufolge ist »der fortlaufende Übergang von einem Paradigma zu einem anderen auf dem Wege der Revolution ... das übliche Entwicklungsschema einer reifen Wissenschaft«.[104] Statt sich eine frühere Theorie einzuverleiben, beseitigt eine neue Theorie ihre Vorgängerin durch einen Umsturz. Jede Revolution vollzieht sich dabei in Phasen, beginnend mit einer Periode der »normalen Wissenschaft«, die einsetzt, sobald das neue Paradigma übernommen wurde. Während dieser Periode wird das Paradigma keinen Widerlegungen unterzogen, es ist eine Phase des Lösens von »Rätseln«, »jene besondere Problemkategorie, die zur Erprobung von Scharfsinn oder Geschicklichkeit dient«.[105]

Außerdem muss das Paradigma Regeln liefern, »die sowohl die Art der annehmbaren Lösungen wie auch die Schritte, durch die sie erzielt werden, begrenzen«.[106] In der Phase der normalen Wissenschaft werden jegliche »Anomalien« oder mögliche Falsifikationen mit Hilfe von Hilfshypothesen, durch Ignorierung der Anomalien oder ihre Unterdrückung ausgeräumt. Der Meinung Poppers, Falsifikationen widerlegten eine Theorie, hält Kuhn entgegen, dass Falsifikationen durchaus nicht immer solche Widerlegungen bewirkten. Als zum Beispiel Einsteins Relativitätstheorie zum Paradigma der Physik geworden war, entdeckte Dayton Miller scheinbar experimentelle Gegenbeweise, die jedoch überhaupt nicht als mögliche Widerlegung von Einsteins Theorie in Erwägung gezogen wurden.

Sobald sich allerdings Anomalien häufen und sich nicht mehr so leicht wegerklären oder ignorieren lassen, gerät eine Theorie ins Wanken. In der Krisenphase ist sie nicht länger in der Lage, die »Rätsellösungstraditionen«[107] zu stützen. So war zum Beispiel der »Zustand der Ptolemäischen Astronomie ... vor der Veröffentlichung des Werkes von Kopernikus skandalös«; und »Galileos Beiträge zum Studium der Bewegung hingen eng mit den Schwierigkeiten zusammen, welche die scholastischen Kritiker in der Theorie des Aristoteles entdeckt hatten«.[108] Diese Periode, in der das Paradigma in der Krise steckt, unterliegt, wie Kuhn es nennt, »verstärkter fachwissenschaftlicher Unsicherheit«, Folge des wiederholten Scheiterns, auftauchende Rätsel mit den Mitteln der normalen Wissenschaft zu lösen.[109]

Dem Krisenstadium folgt eine Phase revolutionärer Wissenschaft, gekennzeichnet durch das »Wuchern konkurrierender Artikulationen, die Bereitschaft, alles zu versuchen, der Ausdruck einer offenen Unzufriedenheit, das Zufluchtsuchen bei der Philosophie und die Grundlagendiskussion«.[110] Während dieser Phase konkurrieren verschiedene Paradigmen solange miteinander, bis eines von ihnen angenommen wird. Die Faktoren, die bestimmen, welches Paradigma sich schließlich durchsetzt, sind laut Kuhn aber häufig nicht wissenschaftlicher Art, die Gründe für die Bevorzugung eines Paradigmas gegenüber einem anderen beruhten nicht allein auf Logik und Experimenten. Faktoren wie Persönlichkeit und rhetorische Fähigkeiten der Wissenschaftler sind häufig wichtiger als rationale Gründe, sich für eine statt für eine andere Theorie zu entscheiden. So führt etwa der österreichische Wissenschaftstheoretiker Paul Feyerabend in seiner noch radikaleren Kritik der Behauptung, Theorien würden aus rationalen Gründen gewählt, das vielsagende Beispiel Galileos an und belegt, mit welchen Tricks und welch manipulativer Überredungskunst der Wissenschaftler zu Werke ging, um seine Sicht durchzusetzen. »Die anstößigen Interpretationen«, so Feyerabends Fazit zum Durchbruch eines neuen Weltbilds, »werden durch andere ersetzt, und mit Propaganda und der Berufung auf abgelegene und höchst theoretische Teile des Alltagsverstands werden die alten Gewohnheiten ausgetrieben und neue geschaffen.«[111]

Thomas Kuhn ist ferner der Meinung, dass Beobachtungssätze, weil sie »theoretisch aufgeladen« sind, eine objektive, rationale Beurteilung konkurrierender Paradigmen ausschließen. Für ihn gibt es keine theorieunabhängige Beobachtungssprache, das heißt, es gibt keinen Weg, die physische Welt zu beobachten, ohne zugleich eine Theorie anzunehmen, die sie beschreibt. Daher gibt es keine völlig objektive Weise, um zwischen wissenschaftlichen Theorien zu entscheiden. Er räumt allerdings ein, dass Theorien wegen ihres Vorhersageerfolgs gewählt werden können.[112] Eine spätere Wissenschaft sei im Problemlösen besser als ihre Vorgänger. Einsteins Theorie zum Beispiel gelinge es besser, Probleme zu lösen, als Newtons, zumindest was die Erklärung der Bewegung sehr großer und sehr kleiner Objekte betrifft. Natürlich könnte man einwenden, dass Vorhersageerfolge ein objektives Beurteilungskriterium von Theorien sind.

Kuhn zufolge sind keine zwei rivalisierenden Paradigmen miteinander vereinbar: »Wenn aber neue Theorien aufgeboten werden, um Anomalien in der Beziehung einer existierenden Theorie zur Natur aufzulösen, dann muss die erfolgreiche neue Theorie Voraussagen gestatten, die sich von den aus ihrer Vorgängerin abgeleiteten unterscheiden. Dieser Unterschied wäre nicht möglich, wenn die beiden Theorien logisch vereinbar wären.«[113] Dieses Argument zur Vorhersagekraft einer Theorie ist ein wichtiger Einwand gegen wissenschaftliche Empiristen, die behaupten, neue Theorien würden alte absorbieren. Wenn eine neue Theorie andere Vorhersagen trifft als eine alte, kann sie diese offenbar nicht in sich aufgenommen haben. Ein weiteres Merkmal rivalisierender Theorien ist Kuhn zufolge, dass sie inkommensurabel sind. Mit anderen Worten, eine Theorie wird die Existenz anderer Objekte postulieren als eine andere, und die Begriffe, die sie verwendet, werden nicht in eine andere übersetzbar sein.

Aus Kuhnscher Perspektive führen Paradoxien daher nicht zu großen Revolutionen in der Wissenschaft, sondern werden von der »normalen Wissenschaft« an den Rand gedrängt. Nur wo sie mit außerlogischen Gründen gepaart werden, sind Paradoxien für Theorien von Belang. Diese Auffassung spiegelt weitgehend wieder, wie die meisten Paradoxien behandelt werden. Das Russellsche Paradoxon soll Gottlob Frege zwar dazu bewegt haben, seine vorangehende Auffassung als falsifiziert zu betrachten, aber im Allgemeinen sehen nicht viele Wissenschaftler in der Tatsache, dass eine Theorie eine Paradoxie aufwirft, einen ausreichenden Grund dafür, sie zu verwerfen. Wenn wir an unser geläufiges Verständnis von vagen Dingen wie »Wahrheit«, »Kahlköpfigkeit«, »Wissen«, »Veränderung« und so weiter denken, so fällt ja auch hier die Annahme schwer, dass wir uns durch das Auftreten von Paradoxien dazu bewegen lassen sollten, die Vorstellungen unseres Alltagsverstands als widerlegt zu betrachten, insbesondere solange nicht ebenso intuitive Vorstellungen an ihre Stelle treten.

Die Art, wie in Kuhns Phase der »normalen Wissenschaft« Rätsel gelöst werden, wirft auch Licht auf unsere normale Reaktion auf Paradoxien. Weil sie unsere grundlegenden Intuitionen infrage stellen, Vorstellungen, die nicht leicht ersetzbar sind, ist es nur natürlich, dass wir in einer ersten Reaktion versuchen, sie auszuräumen, um den Glauben an die Tragfähigkeit unserer alltäglichen Vorstellungen zu bewahren. Insofern könnte man unsere grundlegenden Alltagsvorstellungen als etwas Ähnliches betrachten wie Kuhns »normale Wissenschaft«, und unsere ersten vier oben angeführten Lösungstypen sind dann der übliche Weg, sie zu bewältigen, denn diese sind alle entschieden bestrebt, Paradoxien als solche aus dem Weg zu räumen.

Eine weitere Parallele findet sich in der Phase des Durchbruchs einer neuen Paradoxielösung. Wenn wir uns vorstellen, dass Lösungen bestimmten von Kuhn beschriebenen Phasen entspringen, so weisen die heute neu aufkommenden, konkurrierenden Logiken darauf hin, dass die Wissenschaft der Logik womöglich einen revolutionären Umbruch erlebt. Bislang indes hat sich keine einzelne Logik gegenüber einer anderen durchgesetzt.

3.4.5 Lakatos' Sicht der Paradoxie

Nach Auffassung des ungarischen Mathematikers und Wissenschaftstheoretikers Imre Lakatos lässt sich wissenschaftliche Objektivität durch eine raffiniertere Form der Falsifizierung bewahren, als sie Popper anbietet, und zwar auch unter Einbeziehung der außerwissenschaftlichen Faktoren bei der Theoriewahl, die Thomas Kuhn in den Vor-

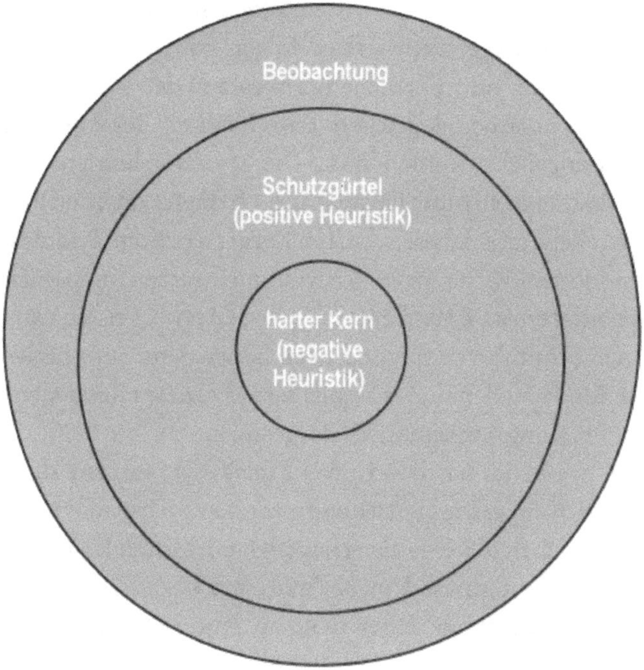

Abbildung 4: Laktatos' Forschungsprogramm

dergrund rückt. Lakatos zufolge sind es Forschungsprogramme, die Gegenstand der Evaluierung sind, nicht Theorien. Ein Forschungsprogramm besteht für ihn aus einem »harten Kern« oder negativen Heuristik, das heißt Forschungswegen, die man vermeiden soll, und einem Schutzgürtel oder einer positiven Heuristik, das sind umgekehrt Forschungswege, denen man folgen soll.[114] Der »harte Kern« ist der unverletzliche Kernbestand der Theorie, der von den methodologischen Entscheidung der Forscher nicht angerührt werden darf. »Die negative Heuristik des Programms«, so führt Lakatos aus, »verbietet uns, den Modus tollens gegen diesen ›harten Kern‹ zu richten. Stattdessen müssen wir unseren Scharfsinn einsetzen, um ›Hilfshypothesen‹ zu artikulieren, ja selbst zu erfinden, die dann einen Schutzgürtel um den Kern bilden. Und wir müssen den Modus tollens auf sie umlenken.«[115] Dieses Konzept ist in Abbildung 4 schematisch dargestellt.

Obwohl der harte Kern nicht falsifiziert werden kann, lässt sich ein ganzes Forschungsprogramm, so glaubt Lakatos, dennoch objektiv als erfolgreich oder erfolglos bewerten, und zwar je nachdem, ob es zu einer »progressiven Problemverschiebung« führt oder zu einer »degenerativen Problemverschiebung«. Es ist progressiv, solange sein Schutzgürtel Anomalien abfängt, »der bewährte empirische Gehalt des Schutzgürtels von Hilfshypothesen zunimmt« und das Programm neue, zutreffende Vorhersagen abwirft. Eine degenerativen Problemverschiebung liegt hingegen vor, wenn ein Forschungsprogramm bei der Aufnahme von Anomalien falsche oder überhaupt keine neuartigen Tatsachen und Vorhersagen mehr erlaubt.[116] Ein Beispiel für Ersteres liefert für Lakatos der Marxismus, für Letzteres die Freudsche Psychoanalyse.

Obwohl Lakatos also objektive Gründe sieht, um zu entscheiden, ob ein Forschungsprogramm progressiv oder degenerativ ist, unterscheidet sich seine Auffassung von derjenigen Poppers, insofern es für ihn kein »entscheidendes Experiment« gibt, dass ein Forschungsprogramm insgesamt umwerfen kann. Anders als Popper bewertet Lakatos auch die oben erörterte Quine-Duhem-Paradoxie, die auf die Tatsache verweist, dass Gegenbeweise eine wissenschaftliche Hypothese niemals voll widerlegen können. »Der raffinierte Falsifikationist«, so Lakatos, »erlaubt die Ersetzung *beliebiger* Teile des Leibes der Wissenschaft, aber nur unter der Bedingung, dass die Ersetzung in ›progressiver‹ Weise geschieht und also neue Tatsachen erfolgreich antizipiert.«[117] Jede Hypothese kann ersetzt werden, solange die Ersetzung neue und bessere Vorhersagen trifft.

3.4.6 Ein Beispiel aus der Quantenmechanik: Das EPR-Paradox

1935, als die Quantenmechanik die Relativitätstheorie als dominante Physiktheorie ablöste,[118] veröffentlichten Albert Einstein, Boris Podolsky und Nathan Rosen einen Aufsatz, dessen Titel ins Deutsche übersetzt lautet: »Kann die quantenmechanische Beschreibung der physikalischen Realität als vollständig betrachtet werden?«[119] In diesem Artikel präsentierten sie einen Fall, bei dem die Annahmen der Quantenphysik zu Ergebnissen führten, die der Intuition in hohem Maß widersprachen. Das Argument, das diese kontraintuitiven Folgen aufzeigte, wurde Einstein-Podolsky-Rosen-Paradox oder EPR-Paradox getauft.

Es war bereits zur damaligen Zeit bekannt, dass es auf der Ebene der Quanten eine Unschärfe bei der Messung von Objekten gab. So wusste man etwa, dass das Ergebnis der Vorhersage, wohin ein Photon, also ein Lichtquantum wandern wird, wenn ein Lichtstrahl auf einen halbdurchlässigen Spiegel gerichtet und dann so weit reduziert wird, bis jeweils nur noch ein Lichtquantum auf den Spiegel trifft, ungewiss ist. Einige der Photonen werden reflektiert, andere nicht, aber den Weg jedes Lichtquantums zu bestimmen ist nicht möglich. Um dies zu erklären, benutzte man Heisenbergs Unschärferelation. Nach diesem Prinzip sind zwei komplementäre Eigenschaften eines Teilchens nicht gleichzeitig beliebig genau bestimmbar. Ein Beispiel für ein Paar solcher komplementärer Eigenschaften ist Impuls und Ort. Heisenberg behauptete, dass, wenn man die Position eines Teilchens messe, dessen Impuls unbestimmt bliebe; maß man dagegen den Impuls, so blieb sein Ort unbestimmt. Das EPR-Paradox (Abbildung 5) demonstrierte nun, dass diese Erklärung unzureichend ist, und zwar, indem es zeigte, wie bei zwei Teilchen, A und B, wenn eine komplementäre Eigenschaft von A gemessen wurde – sagen wir, der Ort –, die andere komplementäre Eigenschaft

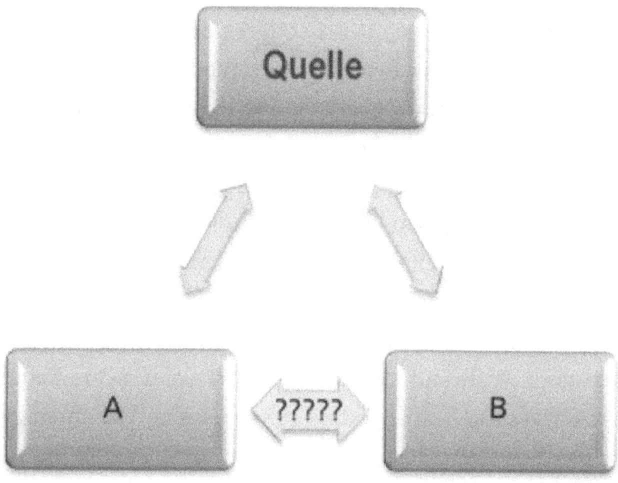

Abbildung 5: EPR-Paradoxie

von B, der Impuls, unbestimmt wurde. Und dies geschah, obwohl A und B nicht direkt miteinander in Kontakt standen. Daraus schlossen Einstein und seine Kollegen, dass die beiden Teilchen entweder, obwohl getrennt, in irgendeiner Weise miteinander in Wechselbeziehung standen, oder die Information aller möglichen Ergebnisse bereits in »versteckten Parametern« der Teilchen enthalten war.

Die Wissenschaftler, die das Paradox aufgeworfen hatten, waren überzeugt, dass Letzteres der Fall war, weil die unmittelbare Wechselwirkung verschiedener Teilchen über eine Entfernung hinweg nicht nur in hohem Maße gegen die Intuition verstieß, sondern auch Einsteins Prinzip der Relativität verletzte, wonach nichts schneller reisen konnte als Lichtgeschwindigkeit. Eine Deutung der Quantenmechanik, die Kopenhagener Interpretation, nahm jedoch an, dass es keine »versteckten Variablen« gab und die Eigenschaften in einem physikalischen System nicht vor ihrer Messung existieren. Während also eine Antwort auf die Paradoxie in der Auffassung bestand, dass es verborgene Variablen gab, die beide Systeme beeinflussten, wies eine andere die Idee zurück, dass wir uns sinnvollerweise auf Objekte und ihre Eigenschafften vor deren Messung beziehen können. In ihrer Zurückweisung des sogenannten »Lokalen Realismus« – der Auffassung, dass Objekte/Eigenschaften in einem definierten Zustand unabhängig von ihrer Messung existieren – wies die Kopenhagener Deutung zugleich die Vorstellung von der Hand, dass man von einer Bestimmtheit von Ergebnissen sprechen kann, bevor diese gemessen werden.

Beschreiben wir das Problem in Form einer Reihe von Aussagen, erhalten wir eine typische Paradoxie nach der Definition einer Reihe wechselseitig widersprüchlicher Aussagen, von denen jede wahr erscheint:

Kästchen 23

EPR-Paradox

1. Die Prinzipien der Quantenmechanik liefern die vollständigste und genauste Darstellung des Wesens der physikalischen Realität
2. Es folgt aus den Prinzipien der Quantenmechanik, dass zwei Teilchen einander unmittelbar beeinflussen können, ohne dass sie miteinander in Kontakt kommen.

Die erste Aussage galt und gilt bis heute unter Physikern als wahr. Die zweite Aussage wurde von Einstein, Podolsky und Rosen nachgewiesen und ist kaum bezweifelbar. Wie lassen sich beide miteinander in Einklang bringen? Einstein und Kollegen dachten, die einfachste Lösung bestünde in der Zurückweisung der ersten Aussage – insbesondere der Ansicht, dass die Quantentheorie vollständig sei – und zuzugeben, dass noch viel Arbeit erforderlich war, bevor aus ihr eine paradigmatische physikalische Theorie werden konnte. Tatsächlich verbrachte Einstein den Rest seines Lebens mit dem Versuch, dies zu versuchen, allerdings erfolglos.[120] Das war jedoch in der Wissenschaft nicht die allgemeine Reaktion. Stattdessen rückten die Physiker das sogenannte Lokalitätsprinzip in den Fokus, die Ansicht, dass etwas, das an einem Ort geschieht, keine sofortige Auswirkung auf einen anderen Ort haben kann, sowie den sogenannten Lokalen Realismus, die Auffassung, dass Eigenschaften von Objekten vor ihrer Messung einen im Vorhinein bestehenden Wert haben müssen, zum Beispiel dass ein Objekt einen vorher feststehenden Ort haben muss, bevor seine Position bestimmt wird. Sowohl das Lokalitätsprinzip wie der Lokale Realismus sind in hohem Maße intuitiv. Nach dem Lokalitätsprinzip darf, falls es eine Wirkung gibt, diese nicht unmittelbar erfolgen, sondern muss konsekutiv eintreten. Mit anderen Worten, Ursachen gehen ihren Wirkungen voraus, wie gering die Zeitspanne auch sein mag. Hier handelt es sich um eine grundlegende Intuition über Kausalität. Wenn A zu B führt, dann muss A offenbar wenigstens eine minimale Zeitspanne vor B geschehen. Und der Lokale Realismus verkörpert nach Einsteins berühmtem Diktum die Intuition, dass »der Mond da ist, selbst wenn ich ihn nicht anschaue«.[121]

Statt jedoch das EPR-Paradox als Falsifizierung der Kernideen der Quantentheorie zu betrachten, wurden das Lokalitätsprinzip und der Lokale Realismus – in der Terminologie von Lakatos keine zentralen Auffassungen, sondern Bestandteile des »Schutzgürtels« um das Forschungsprogramm herum –, schließlich infrage gestellt. Bei bestimmten Interpretationen der Quantenmechanik wie der Kopenhagener Deutung sollten sie abgelehnt werden. Debatten über das EPR-Paradox und wie man am besten damit umgeht, gehen unter Physikern weiter. Sollten wir die Quantentheorie im Sinne von Laktos nun als progressives oder degeneratives Forschungsprogramm betrachten? Wenn Voraussageerfolg und praktische Anwendungen einen Hinweis geben, dann ist die Quantenmechanik – mit ihrer Fähigkeit, die Bewegungen der kleinsten Teilchen des Universums vorherzusagen, und als Grundlage für technische Anwendungen wie Transistoren, integrierte Schaltkreise und Laser – noch immer ein progressives Forschungsprogramm.

Bei Lakatos haben Paradoxien, wie gesehen, nicht die umfassenden Konsequenzen, die Popper ihnen beimisst. Eine Theorie, die eine Paradoxie aufwirft, ist damit noch nicht falsifiziert. In Reaktion auf die Paradoxie können bestimmte von der Theorie aufgestellte Hilfsannahmen ersetzt werden, solange die Revisionen zu neuen und besseren Vorhersagen führen. Diese Logik sehen wir bei der Umgehungslösung am Werk.

3.5 Die Quintessenz über die Theorie wissenschaftlichen Fortschritts für die Lösung von Paradoxien

Folgen wir Poppers grundlegendem Falsifikationismus, so führen Paradoxien zur Widerlegung von Theorien. Akzeptieren wir Kuhns Relativismus bzw. sein Eintreten für den Vorhersageerfolg als Qualitätskriterium, können Paradoxien ignoriert oder als »Rätsel« behandelt werden, die in einer Phase der »normalen« Wissenschaft gelöst werden. Wenn die Wissenschaft jedoch in eine Krise gerät, richten Paradoxien größeren Schaden an und es entspinnt sich ein Kampf um unterschiedliche Theorien, die Lösungen oder Umgehungen für sie anbieten. Wenn wir uns schließlich Lakatos' Spielart des Falsifikationismus zu eigen machen, führen Paradoxien zu Veränderungen im Schutzgürtel eines Forschungsprogramms, insofern dadurch erfolgreiche neue Vorhersagen ermöglicht werden. Jeder dieser Ansätze zur Behandlung von Paradoxien bietet ein Argument gegen die Ansicht an, das sich Paradoxien durch unsere oben angeführten ersten vier Lösungstypen endgültig lösen lassen. Für den Popperschen Falsifikationisten widerlegen Paradoxien schlicht Theorien. Ihre Existenz beweist, dass, sofern es keine unmittelbare und gründliche Lösung für sie gibt, die alltäglichen Vorstellungen, aus denen sie erwachsen, fehlerhaft sind. Eigentlich müssten unsere Alltagsvorstellungen daher zurückgewiesen werden, um Paradoxien zu vermeiden. Doch solche Vorstellungen haben ihre Berechtigung, es gibt kognitive Gründe für sie, daher können wir sie nicht einfach über Bord werfen. Für den Relativisten Kuhnscher Prägung wirft ein Überblick über die historischen, nur mäßig erfolgreichen Lösungen von Paradoxien entweder die Erkenntnis ab, dass die Theorien, mit deren Hilfe sie gelöst werden sollten, in einer vorwissenschaftlichen Phase steckten, oder dass sich eine Revolution vollzieht und offenkundig noch kein neues Paradigma die Oberhand gewonnen hat. Betrachten wir schließlich mit Imre Lakatos die Geschichte der Paradoxielösungen in ähnlicher Weise wie die Wissenschaftsgeschichte, gelangen wir zu dem Schluss, dass man solche Lösungen im üblichen Sinne unserer oben angeführten vier ersten Lösungstypen als »degeneratives Forschungsprogramm« bezeichnen müsste.

Welche Perspektive wir uns auch zu eigen machen, um den Prozess der Paradoxielösung zu betrachten, die rationalste Schlussfolgerung ist, dass bei der Lösung der tiefsten Paradoxien keine allzu großen Fortschritte erzielt wurden.

KONKLUSION

Es gibt viele Gründe, warum sich Denker mit philosophischen Paradoxien beschäftigen und sich um ihre Lösung bemühen. Sie zwingen uns dazu, uns mit Widersprüchen auseinanderzusetzen, die mit unseren Intuitionen erheblich über Kreuz liegen; sie ermöglichen uns zu entdecken, wie uns unsere Intuition in die Irre führt; sie erlauben uns zu analysieren, wo und warum in unseren gewöhnlichen Vorstellungen der Wurm steckt. Darüber hinaus führen Paradoxien die mutigen Denker, die sich um ihr Verständnis und ihre Lösung bemühen, über das unverbindliche Bewusstsein ihrer philosophischen Problematik hinaus zu einer kritischen Beurteilung ihrer Lösungen und zu der Frage, in welchem Maße sie als erfolgreich zu bewerten sind. Vor allem machen wir durch die Beschäftigung mit Paradoxien die Erfahrung, dass ihre Entdeckung – ironischerweise – unser Wissen voranbringt, nicht umgekehrt. »Wie schön, dass wir auf ein Paradox gestoßen sind!«, rief der Atomphysiker Niels Bohr einmal in einer Sitzung aus: »Jetzt besteht einige Hoffnung, dass wir weiterkommen«.[122] Die zeitgenössischen Lösungen für Paradoxien, denen wir in diesem Buch begegnet sind, belegen die Weisheit von Bohrs Ausspruch. Nicht nur sind einzelne Lösungen reizvoll und originell, die hier angesprochenen systematischen Theorien sind für sich genommen interessant und haben uns auf vielen Gebieten vorangebracht, sei es in den Naturwissenschaften und der Mathematik, der Politik oder der Philosophie. Wo Fortschritt ist, da gibt es auch Paradoxien, und beides befeuert sich gegenseitig.

GLOSSAR

Argument
Eine Überlegung, bei der eine Aussage (die Schlussfolgerung) von anderen Aussagen (Prämissen) gestützt wird.

Axiom
Eine Aussage, die ohne Beweis als wahr angenommen wird.

Schlussfolgerung (Konklusion)
Der von den Prämissen eines Arguments gestützte Schluss.

Deduktives Argument
Eine Aussage, bei der die Schlussfolgerung als notwendige Folge der Prämisse präsentiert wird.

Fehlschluss
Ein Denkfehler.

Fuzzylogik
Eine Art der Logik, die sich der klassischen zweiwertigen oder bivalenten Logik, die nur wahre oder falsche Aussagen zulässt, widersetzt und sie durch Einheitsintervalle als Wahrheitsmenge ersetzt.

Induktives Argument
Ein Argument, bei dem die Schlussfolgerung als sehr wahrscheinliche Folge der Prämissen angenommen wird.

Intuition
Basale, nicht gefolgerte Überzeugung; was wir in einer gegebenen Situation sagen würden; was wir spontan als gegeben annehmen.

Logik
Studium der Methoden und Prinzipien zur Unterscheidung guter Argumentation von schlechter.

Paradox
Eine Reihe wechselseitig widersprüchlicher Aussagen, von denen jede wahr erscheint; ein Argument mit anscheinend wahren Prämissen, scheinbar triftigem Gedankengang und einer offenkundig falschen oder widersprüchlichen Schlussfolgerung; eine unannehmbare Konklusion, die sich aus scheinbar wahren Prämissen und scheinbar gültiger Argumentation ableitet.

Prämisse
Eine Aussage zur Stützung einer Schlussfolgerung.

Stichhaltigkeit
Ein deduktives Argument ist stichhaltig, wenn seine Prämissen wahr und die Argumentation gültig sind.

Syllogismus
Ein deduktives Argument mit zwei Prämissen, die zu einer Konklusion führen und drei Begriffe benutzt, Ober-, Mittel- und Unterbegriff. Der Unterbegriff ist der Subjektbegriff der Schlussfolgerung. Der Mittelbegriff tritt in jeder Prämisse, aber nicht in der Konklusion auf. Nehmen wir zum Beispiel das folgende deduktive Argument:

1. Alle Menschen sind sterblich.
2. Sokrates ist ein Mensch.
3. Sokrates ist sterblich.

Hier ist »sterblich« der Oberbegriff, »Mensch« der Mittelbegriff und »Sokrates« der Unterbegriff. Jeder Syllogismus hat einen Obersatz, der den Oberbegriff enthält, und einen Untersatz, der den Unterbegriff enthält. In diesem Fall ist (1) der Obersatz und (2) der Untersatz.

Subjektive Wahrscheinlichkeit
Der Grad, in dem wir etwas glauben.

Validität
Ein deduktives Argument ist valid oder gültig, wenn die Prämissen unmöglich wahr und zugleich seine Schlussfolgerung falsch sein können. In einem gültigen deduktiven Argument stützen die Prämissen die Schlussfolgerung zur Gänze.

BIBLIOGRAFIE

Albert von Rickmersdorf (Albertus de Saxonia, Albert von Sachsen) (1492), *Questiones Subtilissime in Libros de Celo et Mundo* (unter: http://echo.mpiwg-berlin.mpg.de/ECHOdocuView?url=/mpiwg/online/permanent/library/0PUX1P29/pageimg&mode=imagepath&pn=2&ww=0.3644&wh=0.3644&wx=0.5)

Aristoteles, *Sophistische Widerlegungen, Organon* 6, übers. u. mit Anm. vers. v. Eugen Rolfes, unveränd. Nachdr. d. 2. Aufl. v. 1922, Hamburg 1968 (verfasst um 350 v. u. Z.) (online in der Heidelberger Ausgabe von 1883, übers. und erläut. von Julius H. von Kirchmann: http://www.zeno.org/Philosophie/M/Aristoteles/Organon/Ueber+die+sophistischen+Widerlegungen/1.+Kapitel)

Aristoteles, *Werke in deutscher Übersetzung*, Bd. 11, *Physikvorlesung*, Berlin 1967 (entstanden um 347 v. Chr.)

Bernstein, Jeremy, »Einstein. An Exchange«, *New York Review of Books*, 16. August 2007 (http://www.nybooks.com/articles/archives/2007/aug/16/einstein-an-exchange/?pagination=false)

Bogen, Jim, »Theory and Observation in Science«, *Stanford Encyclopedia of Philosophy*, Januar 2013 (2009)

Burns, Linda, *Vagueness. An Investigation into Natural Languages and the Sorites Paradox*, Dordrecht 1991

Clark, Michael, *Paradoxien von A bis Z*, Stuttgart 2012

Davis-Floyd, Robbie; P. Sven Arvidson (Hg.), *Intuition. The Inside Story*, New York u. a. 1997

Duhem, Pierre, *Essays in the History and Philosophy of Science*, engl. Übers. v. Peter Barker u. Roger Ariew, Indianapolis u. a. 1954

Dummett, Michael, »Wang's Paradox«, *Synthese* 30 (1975), S. 301–324 (http://wylieb.com/Philosophy/ElectronicTexts/Transitivity/Dummett1975.pdf)

Einstein, Albert, Boris Podolsky, Nathan Rosen (1935), »Can Quantum-Mechanical Description of Physical Reality Be Considered Complete?«, *Physical Review* 41, S. 777 (unter: http://www.nat.vu.nl/~wimu/Pictures/EPR-paper.pdf)

Feyerabend, Paul, *Wider den Methodenzwang*, Frankfurt am Main 1986

Fine, Kit, »Vagueness, Truth and Logic«, *Synthese* 30 (1975), S. 265–300

Flugel, John C., *The Moral Paradox of Peace and War*, Conway Memorial Lecture, London 1941 (http://conwayhall.org.uk/wp-content/uploads/2015/01/1941_J_C_FLUGEL_Part1_504845f9b72fe.pdf)

Frege, Gottlob, »Briefwechsel mit Bertrand Russell, 1902«, Bibliotheca Augusta (http://www.hs-augsburg.de/~harsch/germanica/Chronologie/19Jh/Frege/fre_brif.html)

Hegel, Georg Wilhelm, *Werke in zwanzig Bänden*, Bd. 18, *Geschichte der Philosophie*, Frankfurt am Main 1979

Hume, David, »Von der Grundregel des Geschmacks«, in: ders., *Vier Abhandlungen*, Quedlinburg Leipzig (auf Englisch *Essays, Moral, Politcal, and Litarary*, Indianapolis 1759 [1742/1752], als PDF: http://hermetic.com/93beast.fea.st/files/section1/hume/extras/Essays,%20Moral,%20Political,%20and%20Literary.pdf)

James, William, *Pragmatismus. Ein neuer Name für einige alte Wege des Denkens*, Hamburg 1977

Jeffrey, Richard, *Subjective Probability*, New York 2004

Kahneman, Daniel, *Schnelles Denken, langsames Denken*, München 2012

Kant, Immanuel, *Werke in zwölf Bänden*, Bde. 3 u. 4, *Kritik der reinen Vernunft*, Darmstadt 1975

Kneale, Martha, Willam Kneale, *The Development of Logic*, New York 1962

Kripke, Saul, »Outlines of a Theory of Truth«, *Journal of Philosophy* 72 (1975), S. 690–716

Kuhn, Thomas S. (1967), *Die Struktur wissenschaftlicher Revolutionen*, Frankfurt am Main (auf Englisch *The Structure of Scientific Revolutions*, 2. erw. Aufl., Chicago/London 1970 (1962), als PDF unter: http://www.f.waseda.jp/sidoli/Kuhn_Structure_of_Scientific_Revolutions.pdf)

Kuhn, Thomas S., »The sciences as puzzle-solving traditions«, in: Stuart Brown, John Fauvel, Ruth Finnegan (Hg.), *Conceptions of Inquiry*, London 1981, S. 107–113

Lakatos, Imre, »Falsification and the Methodology of Scientific Research Programmes«, in: ders., Alan Musgrave (Hg), *Criticism and the Growth of Knowledge*, New York 1970, S. 170–196

Lakatos, Imre, *Die Methodologie der wissenschaftlichen Forschungsprogramme*, Braunschweig 1982

Laudan, Larry, »A Confutation of Convergent Realism«, Philosophy of Science Bd. 48 (1981), S. 19–49

Laudan, Larry, *Progress and Its Problems*, London 1977

Lee, Henry D., *Zeno of Elea. A Text with Translation and Notes*, Amsterdam 1967

MacDonald, Alistair, »Honestly, This Part of England Has the World's Biggest Liars«, *The Wall Street Journal*, 25. November 2011

Machina, Kenton, »Truth, Belief, and Vagueness«, *Journal of Philosophical Logic* 5 (1) (1976), S. 47–78

Mackie, John Leslie, *Truth, Probability, and Paradox*, New York 1973

Maoz, Zeev, *Paradoxes of War*, Boston 1990
May, Robert, »Limit Cycles in Predator-Prey Communities«, *Science* 177 (492, 1972), S. 900 ff.
Mayo, Deborah, »Duhem's Problem, the Bayesian Way, and Error Statistics. What's Belief Got to Do with It?«, *Philosophy of Science* 64 (1997), S. 222–244
Moore, Ruth, *Niels Bohr. Ein Mann und sein Werk verändern die Welt*, München 1970
Ockham, William von, *Summa logicae*, hg. v. Philotheus Boehner u. Gedeon Gál, St. Bonaventure (NY) 1974
O'Neill, Barry, »International Escalation and the Dollar Cost Auction«, *Journal of Conflict Resolution*, 30 (1986), S. 33–50
O'Neill, Barry, »The Dollar Auction as a Model of International Escalation«, in: Urs Luterbacher, M. D. Ward (Hg.), *Dynamic Models of International Conflict*, Boulder (CO) 1985, S. 220–226
O'Sullivan, Marion, »Acid Rain Reduces Methane Emissions from Rice Paddies«, *Innovations Report*, 7. August 2008 (http://www.innovations-report.de/html/berichte/umwelt_naturschutz/acid_rain_reduces_methane_emissions_rice_paddies_115639.html)
Parikh, Rohit, »Vagueness and Utility«, *Linguistics and Philosophy* 17 (6) (1994), S. 521–535
Parmenides, Fragment 8, in: Hermann Diels, *Die Fragmente der Vorsokratiker*, griechisch und deutsch, Berlin 1903, S. 122–126
Platon, *Sämtliche Werke*, 3 Bde., Bd. 2, Übers. v. Franz Susemihl 1865, Berlin 1940, S. 485–561 (entstanden vermutlich nach 360 v. u. Z.)
Popper, Karl, *Logik der Forschung*, 11. durchgs. u. erg. Aufl., Tübingen 2005 (1935)
Read, Stephen, »The Liar Paradox from John Buridan Back to Thomas Bradwardine«, *Vivarium* 40 (2) (2002), S. 189–218 (http://

academia.edu/1353385/The_liar_paradox_from_John_Buridan_back_to_Thomas_Bradwardine)
Rescher, Nicholas, *Paradoxes. Their Roots, Range, and Resolution*, Chicago 2001
Rosenzweig, Michael, »The Paradox of Enrichment«, *Science* 171 (1971), S. 385 ff.
Sainsbury, Richard M., *Paradoxien*, erw. Aufl., Stuttgart 2001
Schiffer, Stephen, »Contextualist Solutions to Skepticism«, *Proceedings of the Aristotelian Society* 96 (1996), S. 317–333
Schiffer, Stephen, »Two Issues of Vagueness«, *Monist* 81 (2) (1999), S. 193–214
Schiffer, Stephen, *The Things We Mean*, New York 2003
Spade, Paul Vincent, »Insolubles«, *Stanford Encyclopedia of Philosophy*, 19. August 2013 (27. August 2001) (unter: http://plato.stanford.edu/entries/insolubles/)
Spade, Paul Vincent, *Lies, Language, and Logic in the Later Middle Ages*, London 1988
Tarski, Alfred, »The Semantic Conception of Truth and the Foundations of Semantics«, *Philosophy and Phenomenological Research* 4 (1944), S. 341–375
van Fraassen, Bas, »Singular Terms, Truth-Value Gaps, and Free Logic«, *Journal of Philosophy* 63 (17, 1966), S. 481–495
Watson, John B., *Behaviorismus*, 2. unv. Aufl., Frankfurt am Main 1976
Williamson, Timothy, *Vagueness*, London u. a. 1994

WEITERFÜHRENDE LEKTÜRE

BBC, *Paradox* (Fernsehserie), Staffel 1

Bell, John S., »On the Einstein Podolsky Rosen Paradox«, *Physics* 1 (3, 1964), S. 195–200

Chihara, Charles, »The Semantic Paradoxes«, *Philosophical Review* 88 (4, 1979), S. 590–618

Jeffrey, Richard, *Subjective Probability*, New York 2004

Mayo, Deborah, *Error and the Growth of Experimental Knowledge*, Chicago 1996

McNeill, Daniel, Paul Freiberger, *Fuzzy logic. Die »unscharfe« Logik erobert die Technik*, München 1994

Salmon, Wesley, *Zeno's Paradoxes*, Indianapolis 2001

Steinhart, Eric, *More Precisely. The Math You Need to Do Philosophy*, Toronto 2009

ANMERKUNGEN

1 Vgl. Stephen Schiffer, »Two Issues of Vagueness«, *Monist* 81 (1999, 2), S. 193–214; und *The Things We Mean*, New York 2003.
2 Vgl. Nicholas Rescher, *Paradoxes. Their Roots, Range, and Resolution*, Chicago 2001, S. 6.
3 Vgl. John L. Mackie, *Truth, Probability, and Paradox*, New York 1973, S. 238: »Typically, a paradox is an apparently sound proof of an unacceptable conclusion …«
4 Richard M. Sainsbury, *Paradoxien*, erw. Aufl., Stuttgart, 2001, S. 11.
5 Hier könnte der Einwand erhoben werden, dass beim Beispiel des Nichtraucheraschenbechers Prämissen und eine Schlussfolgerungen fehlen, sodass eine Argumentation kein zentraler Bestandteil einer Paradoxie ist. Ich würde dem entgegenhalten, dass sich beim Aschenbecher, dem sich selbst auffüllenden Glas usw. die visuelle Darstellung auch in Form von Aussagen ausdrücken lässt, um damit Argumente zu konstruieren. Das Paradox des Aschenbechers lässt sich zum Beispiel wie folgt ausdrücken: 1.) Rauchen Sie nicht; 2.) Benutzen Sie diesen Aschenbecher, falls Sie rauchen; 3.) Hiermit wird verfügt, dass Sie rauchen dürfen (aus 2) und nicht rauchen dürfen (aus 1).
6 Vgl. Martha Kneale, William Kneale, *The Development of Logic*, New York 1962, S. 23–100.
7 Vgl. Alistair MacDonald, »Honestly, This Part of England Has the World's Biggest Liars«, *The Wall Street Journal*, 25. November 2011.
8 John C. Flugel, *The Moral Paradox of Peace and War*, Conway Memorial Lecture, London 1941, S. 1.
9 Ebd.
10 Vgl. Rescher, *Paradoxes*, S. 6.
11 Vgl. Mackie, *Truth*, S. 238.
12 Sainsbury, *Paradoxien*, S. 11.
13 Vgl. Michael Rosenzweig, »The Paradox of Enrichment«, *Science* 171 (1971), S. 385 ff.
14 Das ist zugegebenermaßen kein sehr tiefes Paradox: Es ist zwar überraschend, aber es verstrickt uns in keine Widersprüche, unter einer solchen Prämisse die Schlussfolgerung anzunehmen.

15 Vgl. Robert May, »Limit Cycles in Predator-Prey Communities«, *Science* 177 (492, 1972), S. 900 ff.

16 Vgl. Robbie Davis-Floyd, P. Sven Arvidson (Hg.), *Intuition. The Inside Story*, New York u. a. 1997.

17 Vgl. z. B. Daniel Kahneman, *Schnelles Denken, langsames Denken*, München, 2012, S. 24.

18 Jeffrey, Richard, *Subjective Probability*, New York 2004, S. 76.

19 Das ist, zugegeben, eine stark vereinfachte Darstellung der kombinierten subjektiven Wahrscheinlichkeit, aber für unsere Zwecke reicht sie aus. Wenn man dies weiter ausführt, um die kombinierte Wahrscheinlichkeit für Fälle anzugeben, in denen *A* und *B* voneinander abhängig sind, so sollte die kombinierte Wahrscheinlichkeit von *A* und *B* die Wahrscheinlichkeit von *A* multipliziert mit der Wahrscheinlichkeit von *B* sein gegeben *A* (d. h. $P(A \& B) = P(A) \times P(B \mid A)$). In der erdrückenden Mehrzahl der Fälle reicht die schlichte Multiplikation von *A* und *B*.

20 Vgl. die Definition von Validität im Glossar. Der Einfachheit halber kann man sich eine gültige Argumentation einfach als »gute« Argumentation vorstellen.

21 Vgl. Timothy Williamson, *Vagueness*, London u. a. 1994, S. 185–198.

22 Vgl. Michael Clark, *Paradoxien von A bis Z*, Stuttgart 2012, S. 157 ff.

23 Sainsbury, *Paradoxien*, S. 12.

24 Gottlob Frege, »Briefwechsel mit Bertrand Russell, 1902« (Schreibung vom Verlag leicht modernisiert), Bibliotheca Augusta.

25 Gewöhnlich wird ein weiteres Axiom hinzugefügt, dass in der Zermelo-Fraenkel-Mengenlehre ursprünglich nicht enthalten war, das Auswahlaxiom, englisch *choice*, daher die internationale Abkürzung ZFC.

26 Ein Axiomenschema unterscheidet sich von einem Axiom insofern es eine oder mehr Variablen oder Platzhalter für einen Term oder eine Formel enthält.

27 Duhem, Pierre (1954), *Essays in the History and Philosophy of Science*, engl. Übers. v. Peter Barker u. Roger Ariew, Indianapolis u. a., S. 185.

28 Vgl. ebd., S. 187 f.

29 Gegeben sei, dass aus Hilfshypothese *A* und Haupthypothese *H* Beweis *e* folgen, aber *nicht e* beobachtet wird. Außerdem ist die Wahrscheinlichkeit, *nicht e* zu beobachten, während *A* und *H* wahr sind, 0. Also: $P(\textit{nicht } e \mid A \text{ und } H) = 0$.

Wir gaben *H* eine sehr hohe Wahrscheinlichkeit, $P(H) = 0.9$, während wir *A* eine A-priori-Wahrscheinlichkeit zumaßen, die es nur geringfügig wahrscheinlicher macht als *nicht A*: $P(A) = 0{,}6$. Wir nahmen ferner an, dass *H* und *A* statistisch unabhängig voneinander sind. Die Wahrscheinlichkeit von *H* ändert also nicht die Wahrscheinlichkeit von *A* und umgekehrt.

Hinsichtlich der angenommenen Wahrscheinlichkeiten ist die Wahrscheinlichkeit, dass *nicht e* beobachtet wird, gegeben, dass *A* wahr und *nicht H* mit sehr niedriger Wahrscheinlichkeit veranschlagt wird, *x* (zum Beispiel 0,001). Also: $P(\textit{nicht } e \mid A \text{ und } \textit{nicht } H) = x$. Andererseits nahmen wird die Wahrscheinlichkeit der Beobachtung von *nicht e* gegeben *nicht A* mit einer 50-fach höheren Wahrscheinlichkeit an. Also: $P(\textit{nicht } e \mid \textit{nicht } A \text{ und } \textit{nicht } H) = 50x$ und $P(\textit{nicht } e \mid \textit{nicht } A \text{ und } H) = 50x$.

Diese Werte setzten wir in den Satz von Bayes ein:

$P(H \mid \textit{nicht } e) = P(\textit{nicht } e \mid H)\, P(H)$

$P(\textit{nicht } e)$

$P(\textit{nicht } e) = P(\textit{nicht } e \mid H)\, P(H) + P(\textit{nicht } e \mid \textit{nicht } H)\, P(\textit{nicht } H)$

$P(\textit{nicht } e \mid H) = P(\textit{nicht } e \mid A \text{ und } H)\, P(A) + P(\textit{nicht } e \mid \textit{nicht } A \text{ und } H)$

$P(\textit{nicht } A)$

$= 0 + 50x\,(0{,}4)$

$= 20{,}6x$

$P(\textit{nicht } e) = 20x\,(0{,}9) + 2{,}06x = 20{,}06x.$

Für die A-posteriori-Wahrscheinlichkeit von *H*,

$$P(H \mid \textit{nicht } e)\, \frac{20x(0{,}9)}{20{,}06x} = 0{,}897$$

Für die A-posteriori-Wahrscheinlichkeit von *A*,

$P(A \mid \textit{nicht } e) = P(\textit{nicht } e \mid A)\, P(A)$

$P(\textit{nicht } e)$

$P(\textit{nicht } e \mid A) = P(\textit{nicht-}e \mid A \text{ und } H)\, P(H) + P(\textit{nicht } e \mid A \text{ und } \textit{nicht-}H)$

$P(\text{Nicht-}H)$

$= 0 + x\,(0.1) = 0{,}1x$

$$P(A \mid \textit{nicht } e) =)\, \frac{0{,}06x}{20{,}06x} = 0{,}003$$

Während sich die Wahrscheinlichkeit von *H* kaum ändert, stürzt die Wahrscheinlichkeit von *A* in den Keller.

30 Mayo, Deborah, »Duhem's Problem, the Bayesian Way, and Error Statistics. What's Belief Got to Do with It?«, *Philosophy of Science* 64 (1997), S. 222–244, S. 228 f.

31 Vgl. Stephen Schiffer, »Contextualist Solutions to Skepticism«, *Proceedings of the Aristotelian Society* 96 (1996), S. 317–333.

32 Vgl. Kenton Machina, »Truth, Belief, and Vagueness«, *Journal of Philosophical Logic* 5 (1) (1976), S. 47–78.

33 Vielleicht fällt Ihnen auf, dass der Weg zur Bestimmung des Wahrheitswerts von Konjunktionen in der Fuzzylogik anders ist als bei der schlichten Multiplikation, die bei der Bestimmung der subjektiven Wahrscheinlichkeit in der Erörterung der Paradoxität in Kapitel 1 Verwendung fand. Nach der Fuzzylogik resultiert ein niedriger Wahrheitswert von, sagen wir, 0, 2, in Kombination mit einem Wert von, sagen wir, 0.9, in einem kombinierten Wahrheitswert von 0,2, während die subjektive Wahrscheinlichkeit, wie wir sie bestimmt haben, 0,18 beträgt – also nur geringfügig niedriger liegt. Aber bei Werten von 0,4 und 0,5 zum Beispiel beträgt der kombinierte Wahrheitswert 0,4, die kombinierte subjektive Wahrscheinlichkeit hingegen 0,2 – weniger als die Hälfte als das Minimum der beiden Werte. Die Multiplikation macht für uns Sinn, weil wir einen stark reduzierten Grad der Überzeugung selbst für das geringste Bisschen Unsicherheit erlangen wollen. Wo es um Grade der Wahrheit geht, ist diese Herangehensweise andererseits nicht notwendig oder wünschenswert.

34 Timothy Williamson, *Vagueness*, London u. a. 1994, S. 124.

35 Machina, »Truth«, S. 56 f.

36 Vgl. Linda Burns, *Vagueness. An Investigation into Natural Languages and the Sorites Paradox*, Dordrecht 1991, S. 60.

37 Rohit Parikh, »Vagueness and Utility«, *Linguistics and Philosophy* 17 (6) (1994), S. 521–535, S. 525 (Hervorhebung im Original).

38 David Hume, »Von der Grundregel des Geschmacks«, in: ders., *Vier Abhandlungen*, Quedlinburg, Leipzig 1759, S. 243 f. (Rechtschreibung hier und im Folgenden vom Verlag modernisiert.)

39 Ebd., S. 242.

40 Ebd., S. 243.

41 Ebd., S. 244.

42 Ebd., S. 245.

43 Ebd., S. 255, 257.

44 Ebd., S. 271.

45 Vgl. ebd., S. 265.

46 Vgl. ebd., S. 268.

47 »valuations«, vgl. Bas van Fraassen, »Singular Terms, Truth-Value Gaps, and Free Logic«, *Journal of Philosophy* 63 (17, 1966), S. 481–495.

48 Alfred Tarski, »The Semantic Conception of Truth and the Foundations of Semantics«, *Philosophy and Phenomenological Research* 4 (1944), S. 341–375.
49 Ebd., S. 353.
50 Vgl. Barry O'Neill, »The Dollar Auction as a Model of International Escalation«, in: Urs Luterbacher, M. D. Ward (Hg.), *Dynamic Models of International Conflict*, Boulder (CO) 1985, S. 220–226, S. 223. *Journal of Conflict Resolution*, 30 (1986), S. 33–50.]
51 Vgl. Zeev Maoz, *Paradoxes of War*, Boston 1990, 107–118.
52 zitiert nach O'Neill, »The Dollar Auction«, S. 221.
53 Ebd.
54 Maoz, *Paradoxes of War*, S. 110.
55 Ebd., S. 103 f.
56 Vgl. Stephen Schiffer, *The Things We Mean*, S. 68 f.
57 Michael Dummett, »Wang's Paradox«, *Synthese* 30 (1975), S. 301–324, S. 314.
58 Ebd., S. 316.
59 Ebd.
60 Ebd., S. 319.
61 Ebd., S. 319 f.
62 William James, *Der Pragmatismus. Ein neuer Name für alte Denkmethoden*, Hamburg 1977, S. 26 f.
63 John B. Watson, *Behaviorismus*, 2. unv. Aufl., Frankfurt am Main 1976, S. 36.
64 Für Schiffer weist eine »heitere« Lösung auf einen Fehler in einem Teil der Paradoxie hin und erklärt dann unseren Irrtum zu glauben, dass der Fehler hinnehmbar war.
65 Stephen Schiffer, *The Things We Mean*, S. 197.
66 Vgl. Larry Laudan, »A Confutation of Convergent Realism«, *Philosophy of Science*, Bd. 48 (1981), S. 19–49, S. 33.
67 Vgl. ebd., S. 158 f.
68 Eine Erörterung von Rätseln im Zusammenhang mit unendlichen Mengen findet sich zum Beispiel bei Albert von Rickmersdorf in seinen *Questiones Subtilissime in Libros de Celo et Mundo*.
69 Vgl. Kneale, *The Development of Logic*, S. 298–320.
70 Ich bin keine Logikhistorikerin, mich interessiert in erster Linie die Geschichte der Lösungen. Es gibt interessante Verbindungen zu neueren Lösungen, die induktive Gründe liefern, um daraus eine Verallge-

meinerung über Paradoxielösungen zu ziehen. Eine meiner Hauptquellen war Kneale, *The Development of Logic*.

71 Vgl. ebd. S. 7.

72 Vgl. ebd.

73 Vgl. Platon, »Parmenides«, in: *Sämtliche Werke*, Bd. 2, Berlin 1940, S. 485–561, S. 488.

74 Georg Wilhelm Hegel, *Werke in zwanzig Bänden*, Bd. 18, *Geschichte der Philosophie*, Frankfurt am Main 1979, S. 303 f.

75 Aristoteles, *Werke in deutscher Übersetzung*, Bd. 11, *Physikvorlesung*, Berlin 1967, Buch VI, 9,239b, S. 173.

76 Ebd., Buch VI, 9,240a, S. 174.

77 Lee, Henry D., *Zeno of Elea. A Text with Translation and Notes*, Amsterdam 1967, S. 61.

78 Ebd., S. 36.

79 Ebd.

80 Parmenides, Fragment 8, in: Hermann Diels, *Die Fragmente der Vorsokratiker*, griechisch und deutsch, Berlin 1903, S. 122–126, S. 122 f. (Hervorgehobene Ergänzungen von Diels).

81 Platon, »Parmenides«, S. 487.

82 Vgl. Kneale, *The Development of Logic*, 15 f.

83 Aristoteles, *Sophistische Widerlegungen* (*Organon VI*) Hamburg 1968 (1922), 1,165a, S. 2.

84 Ebd., 12,172b, S. 29

85 Vgl. ebd., 1,164a,b, S. 2 ff.

86 Ebd., 25,180a, b, S. 55 f.

87 Ebd., 25,180b, S. 56.

88 Aristoteles, *Werke*, Bd. 11, 9,239b., S. 173.

89 Ebd., 2,233a, S. 154.

90 William von Ockham, *Summa logicae*, hg. v. Philotheus Boehner u. Gedeon Gál, St. Bonaventure (NY) 1974, III-3, S. 46.

91 Vgl. Paul Vincent Spade, »Insolubles«, *Stanford Encyclopedia of Philosophy*, 19. August 2013 (27. August 2001) (http://plato.stanford.edu/entries/insolubles/)

92 Stephen Read vertritt eine etwas andere und weit umfassendere Auffassung dazu, vgl. ders., »The Liar Paradox from John Buridan Back to Thomas Bradwardine«, *Vivarium* 40 (2) (2002), S. 189–218.

93 Spade, »Insolubles«.

94 Vgl. Immanuel Kant, *Werke in zwölf Bänden*, Bd. 3, *Kritik der reinen Vernunft*, Darmstadt 1975, S. 98 (B76/A52).

95 Eine Auflistung von Kants vier Antinomien findet sich im Netz bei Hans Zimmermann, *Quellensammlung zu Philosophie und Religion*, http://12koerbe.de/phosphoros/antinom1.htm#1.Fußnote zur Thesis.

96 Kant, *Kritik der reinen Vernunft*, Bd. 4, S. 428 (B474/A446).

97 Ebd.

98 Ebd., S. 429 (B475/A447).

99 Ebd., S. 434 (B480, 482/A452, 454).

100 Ebd. S. 435 (B481, 483/A453, 455).

101 Karl Popper, *Gesammelte Werke in deutscher Sprache*, 13. Bde., Bd. 8, 2. Aufl., *Vermutungen und Widerlegungen. Das Wachstum der wissenschaftlichen Erkenntnis*, S. 356, f., 335 f. sowie in ähnlicher Form an zahlreichen anderen Stellen.

102 Marion O'Sullivan, »Acid Rain Reduces Methane Emissions from Rice Paddies«, *Innovations Report*, 7. August 2008.

103 Thomas S. Kuhn, *Die Struktur wissenschaftlicher Revolutionen*, Frankfurt am Main 1967, S. 11.

104 Ebd., S. 31.

105 Ebd., S. 60.

106 Ebd., S. 62.

107 Vgl. Thomas S. Kuhn, »The sciences as puzzle-solving traditions«, in: Stuart Brown, John Fauvel, Ruth Finnegan (Hg.), *Conceptions of Inquiry*, London 1981, S. 107–113.

108 Kuhn, *Die Struktur wissenschaftlicher Revolutionen*, S. 97.

109 Ebd., S. 98.

110 Ebd., S. 127.

111 Feyerabend, Paul, *Wider den Methodenzwang*, Frankfurt am Main 1986, S. 128; 105 ff.

112 Kuhn, *Die Struktur wissenschaftlicher Revolutionen*, S. 134 f., vgl. a. Jim Bogen 2013.

113 Kuhn, *Die Struktur wissenschaftlicher Revolutionen*, S. 135.

114 Vgl. Imre Lakatos, *Die Methodologie der wissenschaftlichen Forschungsprogramme*, Braunschweig1982, S. 46 f.

115 Ebd., S. 47.

116 Ebd., S. 49, 31.

117 Ebd., S. 98.

118 Diese Theorien behandeln unterschiedliche Phänomene und stehen, streng genommen, nicht miteinander in Konflikt, wenn auch eine größere Prominenz errang.

119 Vgl. Einstein, Albert, Boris Podolsky, Nathan Rosen (1935), »Can Quantum-Mechanical Description of Physical Reality Be Considered Complete?«, *Physical Review* 41, S. 777.

120 Vgl. Ruth Moore, *Niels Bohr. Ein Mann und sein Werk verändern die Welt*, München 1970, 172 ff., S. 375.

121 Bernstein, Jeremy, »Einstein. An Exchange«, *New York Review of Books*, 16. August 2007.

122 Moore, *Niels Bohr*, S. 191.

REGISTER